Les crimes de l'amour

Marquis De Sade

Happy Hour Books

Publié pa:

HAPPY HOUR BOOKS

www.happyhoursbooks.com

Email: happyhourbooks1@gmail.com

Première publication par Happy Hour Books en 2024

Titre : **Les Crimes de L'amour**

Broché ISBN: 9789358482683

Relié ISBN: 9789358489521

CONTENT

Juliette et Raunai (Les Crimes de l'Amour)
Idée sur les Romans
L'auteur des Crimes de l'Amour à Villeterque, folliculaire
Le Marquis de Sade.—L'Homme.
Le Marquis de Sade.—Ses Écrits.
Section des Piques.—Discours prononcé par Sade

JULIETTE ET RAUNAI

OU

LA CONSPIRATION D'AMBOISE

NOUVELLE HISTORIQUE

La paix de Cateau-Cambresis n'eut pas plutôt rendu à la France, en 1559, tranquillité dont une multitude innombrable d'ennemis la privait depuis près de trente ans, que des dissensions intestines plus dangereuses que la guerre, vinrent achever de troubler son sein.

La diversité des cultes qui y régnait, la jalousie, l'ambition de la trop grande quantité de héros qui y florissait, la faiblesse du gouvernement, la mort de Henri II, la débilité de François II, toutes ces causes enfin n'étaient que trop capables de faire présumer, que si les ennemis laissaient respirer la France, elle allumerait bientôt elle-même un incendie intérieur, aussi fatal que les troubles qui venaient de la déchirer au dehors.

Philippe II, roi d'Espagne, avait envie de la paix; ne se souciant point de traiter avec les Guise, il se prêta aux arrangements relatifs à la rançon du connétable de Montmorency, qu'il avait fait prisonnier à la journée de Saint-Quentin, afin que ce premier officier de la couronne pût travailler avec Henri II à une paix désirée de toutes les puissances.

Le duc de Guise et le Connétable se trouvant donc prêts à lutter de crédit et de considération, désirèrent avant que d'employer leurs forces, de les étayer par des alliances qui les consolidassent.

Du fond de sa prison, le Connétable agissant dans ces vues, avait marié Damville, son second fils, avec Antoinette de la Mark, petite fille de la célèbre Diane de Poitiers, pour lors duchesse de Valentinois, dirigeant tout à la cour de Henri son amant.

De leur côté, les Guise conclurent dans le même dessein le mariage de Charles III, duc de Lorraine, et chef de leur maison, avec madame Claude, seconde fille du roi[1].

Henri II désirait la paix pour le moins avec autant d'ardeur que le roi d'Espagne. Prince somptueux et galant, ennuyé de guerres, craignant les Guise, voulant ravoir le Connétable qu'il chérissait, et changer enfin les lauriers incertains de Mars, contre les guirlandes de myrthes et de roses dont il aimait à couronner Diane, il mit tout en œuvre pour presser les négociations: elles se conclurent.

Antoine de Bourbon, roi de Navarre, n'avait pu obtenir d'envoyer, en son nom, des ministres au congrès; ceux qu'il avait députés avaient été obligés, pour être entendus, de prendre des commissions du roi de France; Antoine ne se consolait pas de cet affront: c'était le Connétable qui avait fait la paix, il arrivait triomphant à la cour, il y venait avec l'intention de se ressaisir des rênes du gouvernement; les Guise l'accusaient d'avoir pressé des négociations qui brisaient, à la vérité, ses fers, mais dont il s'en fallait bien que la France eût à se louer.

Tels étaient les principaux personnages de la scène, tels étaient les motifs secrets qui les animant les uns et les autres, allumaient sourdement les étincelles de haines qui allaient produire les affreuses catastrophes d'Amboise.

On le voit, l'envie, l'ambition, voilà les causes réelles des troubles dont l'intérêt de Dieu ne fut que le prétexte.

Ô religion! à quelque point que les hommes te respectent, lorsque tant d'horreurs émanent de toi, ne peut-on pas un moment soupçonner que tu n'es parmi nous que le manteau sous lequel s'enveloppe la discorde, quand elle veut distiller ses venins sur la terre. Eh! s'il existe un Dieu, qu'importe la façon dont les hommes l'adorent! sont-ce des vertus ou des cérémonies qu'il exige? S'il ne veut de nous que des cœurs purs, peut-il être honoré plutôt par un culte que par l'autre, quand l'adoption du premier au lieu du second doit coûter tant de crimes aux hommes?

Rien n'égalait pour lors l'étonnant progrès des réformes de Luther et de Calvin: les désordres de la cour de Rome, son intempérance, son ambition, son avarice avaient contraint ces deux illustres sectaires à montrer à l'Europe surprise, combien de fourberies, d'artifices, et d'indignes fraudes se trouvaient au sein d'une religion que l'on supposait venir du Ciel. Tout le monde ouvrait les yeux, et la moitié de la France avait déjà secoué le joug romain pour adorer l'Être Suprême, non comme osaient le dire des hommes pervers et corrompus, mais comme paraissait l'enseigner la nature.

La paix conclue, et les puissants rivaux dont on vient de parler n'ayant plus d'autre soins que de s'envier et de se détruire, on ne manqua pas d'appeler le culte au secours de la vengeance, et d'armer les mains dangereuses de la haine, du glaive sacré de la religion.

Le prince de Condé soutenait le parti des réformés dans le cœur de la France; Antoine de Bourbon, son frère, le protégeait dans le Midi; le Connétable déjà vieux s'expliquait faiblement, mais les Châtillon ses neveux, agissaient avec moins de contrainte. Très-bien avec Catherine de Médicis, on eut même lieu de croire dans la suite qu'ils l'avaient fort adoucie sur les opinions des réformés, et qu'il s'en fallait peu que cette reine ne les adoptât au fond de son âme.

Quant aux Guise, tenant à la cour, ils en favorisaient la croyance, et le cardinal de Lorraine, frère du duc pouvait-il, lié au saint-siège, n'en pas étayer les droits?

Dans cet état de chose n'osant encore se déchirer soi-même, on se prenait aux branches, on attaquait mutuellement les créatures du parti opposé, et pour satisfaire ses passions particulières on immolait toujours quelques victimes

Henri II vivait encore: on lui fit voir qu'il s'en fallait bien que le parlement fût en état de juger les affaires des réformés condamnés à mort par l'édit d'Ecouen, puisque la plupart des membres de cette compagnie étaient du parti qui déplaisait à la cour.

Le roi se transporte au palais, il voit qu'on ne lui en impose point; les conseillers Dufaur, Dubourg, Fumée, Laporte, et de Foix sont arrêtés, le reste s'évade. Rome aigrit au lieu d'apaiser; la France est pleine d'inquisiteurs; le cardinal de Lorraine organe du Pape, hâte la condamnation des coupables; Dubourg perd la tête sur un échafaud; de ce moment tout s'émeut, tout s'enflamme.

Henri meurt; la France n'est plus conduite que par une italienne peu aimée, par des étrangers qu'on déteste, et par un monarque infirme, à peine âgé de seize ans: les ennemis des Guise croyent toucher à l'instant du triomphe; la haine, l'ambition et l'envie toujours à l'ombre des autels, se flattent d'agir en assurance. Le Connétable, la duchesse de Valentinois sont bientôt éloi gnés de la cour; le duc, le cardinal sont mis à la tête de tout; et les furies viennent secouer leurs couleuvres sur ce malheureux pays à peine relevé d'une guerre opiniâtre, où ses armées et ses finances avaient été presque entièrement épuisées.

Tel affreux que soit ce tableau, il était nécessaire à tracer avant que d'offrir le trait dont il s'agit. Avant que de dresser les potences d'Amboise, il fallait montrer les causes qui les élevaient... il fallait faire voir quelles mains les arrosaient de sang, de quels prétextes osaient se couvrir enfin les instigateurs de ces troubles.

Tout était encore à Blois dans la plus parfaite sécurité, lorsqu'une multitude d'avis différents vint réveiller l'attention des Guise.

Un courrier chargé de dépêches secrètes et relatives aux circonstances, est assassiné près des portes de Blois; un autre venant de l'inquisition, adressé au cardinal de Lorraine, éprouve à peu près le même sort; l'Espagne, les Pays-Bas, plusieurs cours d'Allemagne avertissent la France qu'il se trame une conspiration dans son sein; le duc de Savoie prévient que les réfugiés de ses états font de fréquentes assemblées, qu'il se munissent d'armes, de chevaux, et publient hautement qu'avant peu et leurs personnes et leur culte seront rétablis en France.

En effet, la Renaudie, l'un des chefs protestants le plus brave et le plus animé, se donnait alors un mouvement qui devait faire ouvrir les yeux: il parcourait l'Europe entière, prenant des avis, en donnant, enflammant les têtes et se disant certain d'une révolution prochaine. De retour à Lyon, il rendit compte aux autres chefs des succès de son voyage, et ce fut là que se prirent les dernières mesures, là que l'on convint de tout mettre en ordre pour commencer les opérations au printemps.

On choisit Nantes pour ville d'assemblée, et sitôt que tout le monde y fut rendu, la Renaudie, dans la maison de la Garai, gentilhomme Breton, harangua ses frères et reçut d'eux les protestations authentiques de tout entreprendre pour obtenir du roi le libre exercice de leur religion, ou d'exterminer ceux qui s'y opposeraient, à commencer par les Guise.

On régla dans cette même assemblée, que la Renaudie lèverait au nom du chef qui ne se nommait point, un corps de troupes composé de cinq cents gentilshommes à cheval et de douze cents hommes d'infanterie pris dans toutes les provinces de France, non pour attaquer, mais pour se défendre. Trente capitaines furent attachés à ce corps, dont les ordres étaient de se trouver aux environs de Blois, le 10 de mars prochain 1560; les provinces se départirent ensuite.

Le baron de Castelnau, l'un des plus illustres de la faction et dont nous allons raconter les aventures, eut pour son département la Gascogne; Mazères, le Béarn; Mesmi, le Périgord et le Limousin; Maille-Brézé, le Poitou; Mirebeau, la Saintonge; Coqueville, la Picardie; Ferriere-Maligni, la Champagne, la Brie et l'Ile-de-France; Mouvans la Provence et le Dauphiné, et Château-Neuf, le Languedoc.

Nous citons ces noms, pour faire voir quels étaient les chefs de cette entreprise, et les rapides progrès de cette réforme qu'on avait l'inepte barbarie de croire digne des mêmes supplices que le meurtre ou le parricide, tant l'intolérance était à la mode pour lors.

Quoi qu'il en fût, tout se tramait avec tant de mystère, ou les Guise étaient si mal informés, que malgré les avis qu'ils recevaient de toutes parts ils étaient au moment d'être surpris dans Blois, et ils allaient l'être assurément, sans une trahison.

Pierre des Avenelles, avocat, chez qui la Renaudie était venu se loger à Paris quoique protestant lui-même, dévoila tout au duc de Guise. On frémit.

Le chancelier Olivier reprocha aux deux frères une sécurité dans laquelle ils n'eussent pas été, si l'on avait écouté ses conseils. Catherine trembla, et dès l'instant on quitta Blois, dont la position ne paraissait pas assez sûre, pour se rendre au château d'Amboise, qui, jadis une place du premier ordre, parut suffisant pour mettre la cour à l'abri d'un coup de main.

Une fois là, l'on tint conseil; l'on fit ce que Charles XII de Suède disait d'Auguste, roi de Pologne, qui, pouvant le prendre, l'avait manqué et avait aussitôt assemblé son conseil. «*Il délibère aujourd'hui*, disait Charles, *sur ce qu'il aurait dû faire hier.*»

Il en fut de même à Amboise. Le cardinal, en zélé papiste, prétendait tout exterminer. C'était le seul argument de Rome.

Le duc, plus politique, crut qu'on perdrait beaucoup de monde en suivant l'avis de son frère et qu'on ne découvrirait rien. Il valait mieux, selon lui, faire arrêter le plus de chefs qu'on pourrait, et obtenir d'eux, par l'aspect des tourments, l'aveu de tant de manœuvres sourdes et mystérieuses, dont il était plus essentiel de dévoiler les causes et les auteurs, que d'égorger sans les entendre, ceux qui soutenaient les unes et qui servaient les autres.

Cet avis prévalut. Catherine créa sur-le-champ le duc de Guise lieutenant-général de France, malgré l'opposition du chancelier, qui, trop sage pour ne pas entrevoir le danger d'une autorité si étendue, ne voulut sceller les patentes, qu'aux conditions qu'elles seraient circonscrites au seul instant des troubles.

Le duc de Guise redoutait les Chatillon; il y avait tout à craindre pour le parti du roi, s'ils étaient malheureusement à la tête des protestants. Sachant ces neveux du connétable bien avec la reine, il engagea Catherine à les sonder. L'amiral de Coligni ne déguisa point les risques qu'il y avait, si l'on continuait d'employer avec les religionnaires la rigueur dont faisaient usage les Guise; il dit «que l'on devait savoir que les supplices et la voie des contraintes étaient plus propres à révolter les esprits, qu'à les ramener dans le droit chemin; que l'on pouvait, au surplus, compter assurément sur ses frères, et qu'il répondait à la reine, qu'eux et lui, seraient, dans tous les temps, prêts à donner au souverain les plus grandes preuves de leur zèle.»

À ces témoignages satisfaisants, il joignit le conseil d'un édit qui tolérerait la liberté de conscience; il assura que ce serait le seul moyen de tout calmer. Cet avis passa: l'édit fut publié; il accordait une amnistie générale à tous les réformés, excepté à ceux qui, sous le prétexte de religion, conspireraient contre le gouvernement.

Mais tout cela venait trop tard. Dès le 11 de mars, les religionnaires s'étaient assemblés à très peu de distance de Blois. Ne trouvant plus la cour où ils la croyaient, ils comprirent aisément qu'ils étaient trahis; cependant les préparatifs étaient faits; les différents corps attendus ne jugeant pas à propos de reculer, ils ne voulurent même admettre d'autres délais à l'entreprise, que le peu de jours qu'il fallait pour s'approcher d'Amboise et pour en reconnaître les environs.

Condé venait d'arriver dans cette ville; il lui avait été facile de voir, en y entrant, qu'il était vivement soupçonné; il crut se déguiser par des propos dont on ne fut pas dupe. Il affecta de paraître plus empressé que qui que ce fût, à l'extinction des protestants, et par cette ruse peu naturelle, il ne satisfit nullement le parti du roi, et se fit soupçonner par le sien.

Cependant les dispositions du parti opposé continuaient de se faire avec vigueur. Le baron de Castelnau-Chalosse s'approchant du coté de Tours avec les troupes de la province qui lui étaient départie, avait près de lui deux personnages, dont il est temps de donner l'idée.

L'un était Raunai, jeune héros, d'une figure charmante, plein d'esprit, d'ardeur et de zèle; il commandait sous le baron; l'autre était la fille de ce premier chef, dont Raunai, depuis l'enfance, était éperdument amoureux.

Juliette de Castelnau, âgée de vingt ans, était l'image de Bellone; grande, faite comme les Grâces, les traits nobles, les plus beaux cheveux bruns, de grands yeux noirs pleins d'éloquence et de vivacité, la démarche fière, rompant une lance au besoin comme le plus brave guerrier de la nation, se servant de toutes les armes en usage alors avec autant de dextérité que de souplesse; bravant les saisons, affrontant les dangers, courageuse, spirituelle, entreprenante, d'un caractère altier, ferme mais franc, incapable de fraude, et d'un zèle au-dessus de tout pour la religion protestante, c'est-à-dire, pour celle de son père et de son amant.

Cette héroïne n'avait jamais voulu se séparer de deux objets si chers; et le baron, lui connaissant de l'adresse, une intelligence infinie, persuadé qu'elle pourrait devenir utile aux opérations, avait consenti à lui en voir partager les risques. Ne devait-il pas, d'ailleurs être bien plus sûr de Raunai, quand ce jeune guerrier, combattant aux yeux de sa maîtresse, aurait pour récompense les lauriers que cette belle fille lui préparerait chaque jour?

Dans le dessein de reconnaître les environs, Castelnau, Juliette et Raunai s'étaient avancés un matin, suivis de très peu de gens de guerre, jusque dans l'un des faubourgs de la ville de Tours.

Le comte de Sancerre, détaché d'Amboise, venait de battre ces quartiers, lorsqu'on lui dit que quelques protestants se trouvent près de là.

Il vole au faubourg indiqué, et pénétrant à la hâte dans l'appartement du baron, il lui demande ce qu'il vient faire dans cette ville... la raison qui l'y amène avec des soldats, et s'il ignore que le port d'armes est défendu?

Castelnau répond qu'il va à la cour pour des affaires dont il n'a nul compte à rendre, et que s'il était vrai que quelques motifs de rébellion l'y conduisissent, il n'aurait pas sa fille avec lui.

Sancerre, peu satisfait de cette réponse, est obligé d'exécuter ses ordres. Il commande à ses soldats d'arrêter le baron; mais celui-ci sautant sur ses armes, seulement aidé de Juliette et de Raunai, a bientôt écarté le peu de monde que lui oppose le comte. Tous trois s'évadent; et Sancerre ayant, dans ce cas-ci, préféré la sagesse et la prudence à la valeur qui le distinguait ordinairement, Sancerre, qui sait que dans des troubles intérieurs, la victoire appartient plutôt à celui qui épargne le sang qu'à l'imprudent qui le prodigue, revient sans honte dans Amboise, rendre compte aux Guise de son peu de succès.

Sancerre, vieil officier, plein de mérite, ami des Guise, mais franc, loyal, ce qu'on appelle un véritable Français, n'avait pourtant pas été assez occupé de son expédition, qu'il n'eût eu le temps d'apercevoir les attraits de Juliette; il en fit les plus grands éloges au duc.

Après avoir peint la noblesse de sa taille et les agréments de sa figure, il la loua sur son courage; il l'avait vue au milieu du feu se défendre, attaquer, n'évitant les dangers qui la menacent que pour en répandre autour d'elle, et cette vaillance peu commune, rendait assurément du plus grand intérêt celle qui joignait à toutes les grâces de son sexe, des vertus qui s'y alliaient aussi rarement.

Monsieur de Guise, curieux de voir cette femme étonnante, conçut aussitôt deux projets pour l'attirer à Amboise: la faire prisonnière, ou profiter de l'ouverture du baron de Castelnau, et lui faire dire que puisqu'il avait assuré Sancerre qu'il n'avait d'autre intention que de parler au roi, il pouvait venir en toute sûreté.

Ce dernier parti s'adopte de préférence.

Le duc écrit. Un homme adroit est chargé de la dépêche; précédé d'un trompette, il s'avance avec les formalités ordinaires, et remet sa missive au baron, dans le château de Noisai où il était logé avec les troupes de Gascogne et de Béarn, mandées pour l'expédition d'Amboise.

Quelques précautions qu'on eût prises avec l'émissaire du duc, il fut facile à celui-ci de s'apercevoir qu'il y avait beaucoup de monde à Noisai; il en rendit compte à son retour, et nous verrons bientôt ce qui en résulta.

Le baron de Castelnau résolu de profiter de la proposition du duc, tant pour déguiser ses projets que pour se ménager en agissant comme il allait le faire, une correspondance sûre dans Amboise, répondit très-honnêtement que la plus grande preuve qu'il pût donner de son obéissance et de sa soumission, était d'envoyer ce qu'il avait de plus cher au monde; qu'étant, lui personnellement, dans l'impossibilité de se rendre à Amboise, à cause d'une blessure qu'il avait reçue à l'escarmouche de Tours, il envoyait à la reine, Juliette sa fille, chargée par lui d'un mémoire dans lequel il réclamait l'édit de tolérance qui venait d'être publié, et la permission, pour ses confrères et lui, de professer leur culte en paix.

Juliette partit, munie d'instructions secrètes et de lettres particulières pour le prince de Condé; ce n'était pas sans peine qu'elle avait adopté ce projet: ce qui la séparait de son père et de son amant était toujours si douloureux pour elle que, quelque courageuse qu'elle fût, elle ne s'y résolvait jamais sans des larmes.

Le baron promit à sa fille d'attaquer quatre jours après la ville d'Amboise, si les négociations qu'elle allait entreprendre étaient infructueuses; et Raunai, aux genoux de sa maîtresse, lui jura de verser tout son sang pour elle, si on lui manquait de respect ou de fidélité.

Mademoiselle de Castelnau arrive à Amboise; elle y est reçue convenablement, et descendue chez Sancerre, ainsi qu'il avait été convenu, elle se fait aussitôt conduire chez le duc de Guise, le supplie de tenir sa parole, et de lui fournir sur-le-champ l'occasion de se jeter aux pieds de Catherine de Médicis, pour lui présenter les supplications de son père.

Mais Juliette ne pensait pas qu'elle possédait des charmes qui pouvaient faire négliger bien des engagements.

Le premier que monsieur de Guise oublia en la voyant, fut la promesse contenue dans ses dépêches au baron; séduit par tant de grâces, son cœur s'ouvrit aux pièges de l'amour, et le duc, auprès de Juliette, ne pensa plus qu'à l'adorer.

Il lui reprocha d'abord avec douceur de s'être défendue contre les troupes du roi, et lui dit agréablement que quand on était aussi sûre de vaincre, on était doublement punissable du projet de rébellion.

Juliette rougit; elle assura le duc qu'il s'en fallait bien que son père et elle eussent jamais pris les armes les premiers; mais qu'elle croyait qu'il était permis à tout le monde de se défendre quand on était injustement attaqué. Elle renouvela ses plus vives instances pour obtenir la permission d'être présentée à la reine.

Le duc qui voulait conserver à Amboise le plus longtemps possible, l'objet touchant de sa nouvelle flamme, lui dit que cela serait difficile de quelques jours.

Juliette qui prévoyait ce qu'allait entreprendre son père, si elle ne réussissait point, insista. Le duc tint ferme et la renvoya chez le comte de Sancerre, en l'assurant qu'il la ferait avertir dès qu'elle pourrait parler à Médicis.

Notre héroïne profita de ces délais pour examiner sourdement la place et pour remettre ses lettres au prince de Condé qui, toujours plus circonspect que jamais dans Amboise, et ne cherchant qu'à s'y déguiser, recommanda à Juliette, pour l'intérêt commun, de l'éviter le plus possible et de cacher surtout avec le plus grand soin, qu'elle eût jamais été chargée d'aucunes négociations vis-à-vis de lui.

Juliette comptant sur la parole du duc, fit dire à son père de temporiser. Le baron la crut, et eut tort.

Pendant ce temps, la Renaudie, dont on a vu précédemment le zèle et l'activité, perdit malheureusement la vie dans la forêt de Château-Renaud[2]. Tout fut trouvé dans les papiers de la Bigne, son secrétaire; et le duc, plus éclairé dès lors sur la réalité des projets du baron de Castelnau, bien convaincu que les démarches de Juliette n'étaient plus qu'un jeu, ayant plus que jamais le dessein de la conserver près de lui, se résolut enfin à la faire expliquer et à n'agir pour ou contre le père, qu'en raison de ce que répondrait la fille. Il l'envoie prendre.

—Juliette, lui dit-il d'un air sombre, tout ce qui vient de se passer, me convainc suffisamment que les dispositions de votre père sont bien éloignées d'être telles qu'il vous a plu de me le persuader; les papiers de la Renaudie nous instruisent. À quoi me servirait-il de vous présenter à la reine, et qu'oseriez-vous dire à cette princesse?

—Monsieur le duc, répond Juliette, je n'imaginais pas que la fidélité d'un homme qui a si bien servi sous vos ordres, qui s'est trouvé dans plusieurs combats à vos côtés, et duquel vous devez connaître les sentiments et le courage, pût jamais vous devenir suspecte.

—Les nouvelles opinions ont corrompu les âmes; je ne reconnais plus le cœur des Français; tous ont changé de caractère, en adoptant ces coupables erreurs.

—N'imaginez jamais que pour avoir dégagé votre culte de toutes les inepties dont de vils imposteurs osèrent le souiller, nous en devenions moins susceptibles des vertus qui nous viennent de la nature; la première de toutes dans le cœur d'un Français, est l'amour de son pays. On ne la perd pas, monsieur, cette sublime vertu, pour avoir ramené à plus de candeur et de simplicité, la manière de servir l'Eternel.

—Je connais vos sophismes à tous, Juliette; c'est sous ces fausses apparences de vertu que vous déguisez tous les vices les plus à redouter dans un état; et dans ce moment-ci, nous le savons, vous ne prétendez à rien moins qu'à culbuter l'administration actuelle, qu'à couronner l'un de vos chefs, et qu'à bouleverser tout en France.

—Je pardonnerais ces préjugés à votre frère, monsieur; nourri dans le sein d'une religion qui nous déteste, tenant une partie de ses honneurs du chef de cette religion qui nous proscrit, il doit nous juger d'après son cœur..... Mais vous, monsieur le duc, vous qui connaissez les Français, vous qui les avez commandés dans les champs de la gloire, pouvez-vous imaginer que le refus d'admettre telle ou telle opinion, puisse jamais éteindre en eux l'amour de la patrie? Voulez-vous les ramener, ces braves gens, le voulez-vous sincèrement? Montrez-vous plus humain et plus juste; usez de votre autorité pour faire des heureux, et non pour verser le sang de ceux dont tout le tort est de penser différemment que vous. *Convainquez-nous*, monsieur; *mais ne nous assassinez pas*: que nos ministres puissent raisonner avec vos pasteurs; et le peuple, éclairé par ces discussions, se rendra sans contrainte aux meilleurs arguments. Le plus mauvais de tous est un échafaud; le glaive est l'arme de celui qui a tort, il est la commune ressource de l'ignorance et de la stupidité; il fait des prosélytes, il enflamme le zèle et ne ramène jamais. Sans les édits des Néron, des Dioclétien, la religion chrétienne serait encore ignorée sur la terre; encore une fois, monsieur le duc, nous sommes prêts à quitter les signes de ce que vous appelez la rébellion; mais si c'est avec des bourreaux qu'on veut nous inspirer des opinions absurdes et qui révoltent le bon sens, nous ne nous laisserons pas égorger comme des animaux lancés dans l'arène; nous nous défendrons contre nos persécuteurs; tout en respectant la patrie, nous plaindrons ses chefs de leur aveuglement; et toujours prêts à verser notre sang pour elle, quand elle ne verra plus dans nous que des frères, nous n'offrirons plus à ses yeux que des enfants et des soldats[3].

Ce discours, prononcé d'une voix ferme et d'un maintien assuré, soutenu des grâces nobles de cette fille intéressante, acheva d'enflammer le duc; mais cherchant à déguiser son trouble sous les apparences d'une rigidité feinte:

—Savez-vous, dit-il à Juliette, que vos discours, votre conduite... mon devoir en un mot, me contraindraient de vous envoyer à la mort? Oubliez-vous, impérieuse créature, qu'il ne tient qu'à moi de sévir?

—Avec la même facilité, monsieur le duc, qu'il ne tient qu'à moi de vous mépriser, si vous abusez de la confiance que vous m'avez inspirée par votre lettre à mon père.

—Il n'y a point de serment sacré avec ceux que l'église réprouve.

—Et vous voulez que nous embrassions les sentiments d'une église dont une des premières lois, selon vous, est d'autoriser tous les crimes, en légitimant le parjure?

—Juliette, vous oubliez à qui vous parlez.

—À un étranger, je le sais. Un Français ne m'obligerait pas aux réponses où vous me contraignez.

—Cet étranger est l'oncle de votre roi; il en est le ministre, et vous lui devez tout à ces titres.

—Qu'il en acquiert à mon estime, il ne me reprochera pas de lui manquer.

—J'en désirerais sur votre cœur, dit le duc, en se troublant encore davantage, et réussissant moins à se cacher; il ne tiendrait qu'à vous de me les accorder. Cessez d'envisager dans le duc de Guise, un juge aussi sévère que vous le supposez, Juliette, voyez-y plutôt un amant dévoré du désir de vous plaire et du besoin de vous servir.

—Vous....... m'aimer...... juste ciel! et quelles prétentions pouvez-vous former sur moi, monsieur? Vous êtes enchaîné par les nœuds de l'hymen, et je le suis par les lois de l'amour.

—La seconde difficulté est plus affreuse que l'autre; peut-être vous ferais-je bien des sacrifices.... mais vous seriez loin de vouloir m'imiter.

—Monsieur le duc oublie-t-il que je l'ai supplié de me faire parler à la reine, et que ce n'est que dans cette intention que mon père a permis que je vinsse à Amboise?

—Juliette oublie-t-elle que son père est coupable, et que je n'ai qu'un ordre à donner pour qu'il soit aujourd'hui dans les fers?

—Je me retirerai donc, si vous le permettez, monsieur; car je ne suppose pas que vous abusiez du droit des gens, au point de me retenir ici malgré moi, quand je ne m'y suis rendue que sous votre sauf-conduit?

—Non, Juliette, vous êtes libre; il n'y a que moi qui ne le suis pas devant vous... vous êtes libre, Juliette; mais je vous le redis pour la dernière fois..... je vous adore.... je puis tout pour vous.... il ne sera rien que je n'entreprenne.... ou mon amour, ou ma vengeance.... Choisissez.... Je vous laisse à vos réflexions.

Juliette rentra chez le comte de Sancerre; le connaissant pour un brave militaire, incapable d'une lâcheté ou d'une trahison, elle ne lui cacha pas ce qui venait de se passer. Elle surprit infiniment ce général; il devint prêt à se repentir de s'être mêlé de la négociation.

Juliette demanda au comte, si dans une aussi affreuse circonstance, il ne serait pas mieux qu'elle retournât près du baron de Castelnau.

Monsieur de Sancerre n'osa lui rien conseiller, de peur d'aigrir le duc de Guise; mais il lui dit qu'elle ferait bien d'en demander la permission expresse, soit au duc, soit au cardinal.

Mademoiselle de Castelnau, très-fâchée d'être venue se prendre dans un tel piège, s'adressa au prince de Condé qui, révolté des procédés du duc, lui promit de faire avertir sur-le-champ le baron de tout ce qui se passait.

Mais pendant ce temps, le duc de Guise voyant bien qu'il ne réussirait à vaincre la résistance de Juliette qu'en prenant sur elle un empire assez grand pour lui ôter possibilité des refus, profitant des lumières qu'il acquérait chaque jour sur la force et sur la conduite des réformés, prit la résolution de faire attaquer le baron de Castelnau dans son quartier de Noisai. Il ne doutait pas que s'il parvenait à s'emparer de ce chef, sa fille ne se rendît dès le même instant.

Jacques de Savoie, duc de Nemours, l'un des plus lestes et des meilleurs capitaines du parti des Guise, est aussitôt chargé de l'expédition, et le duc lui recommande, sur toutes choses, de ne blesser ni tuer Castelnau, mais de l'amener vivant dans Amboise, parce qu'étant un des principaux chefs du parti opposé, on attendait de lui les plus sérieux éclaircissements.

Nemours part, il environne Noisai, il se montre de telles forces que Castelnau conçoit l'impossibilité de se défendre; l'oserait-il d'ailleurs dans la sorte de négociation qu'il a eu l'air d'entamer, et sachant encore aux mains des Guise, sa chère Juliette, qui chaque jour lui fait dire de temporiser.

Castelnau propose une conférence, Nemours l'accorde, et demande au baron sitôt qu'il le voit, quel est l'objet de ces dispositions militaires; comment il a pu naître dans l'esprit d'un brave homme comme lui, de n'aborder la cour que les armes à la main, et de renoncer par cette imprudente démarche, à la gloire dont avait toujours joui la nation française d'être, de toutes celles de l'Europe, la plus fidèle à la patrie.

Castelnau répond que loin de renoncer à cette gloire, il travaille à la mériter, que la plus grande preuve de sa soumission est la démarche qu'il a faite en envoyant sa fille unique aux genoux de la reine, qu'un sujet qui se révolte agit rarement de cette manière.

—Mais pourquoi des armes, dit Nemours.

—Ces armes répliqua le baron, n'ont été destinées qu'à nous ouvrir un chemin jusqu'au trône; elles sont faites pour nous venger de ceux qui veulent nous en interdire les abords; qu'on ne nous les ferme plus et nous y arriverons l'olivier à la main.

—Si c'est tout ce que vous désirez, dit Nemours, remettez-moi ces inutiles épées, et je m'offre à vous satisfaire... je me charge de vous conduire au roi.

Le baron accepte, tout se rend, on part pour le quartier royal; et malgré les représentations de Nemours qui réclame hautement devant les Guise la parole qu'il a donnée à ces braves gens, c'est au fond des cachots d'Amboise qu'on a l'infamie de les recevoir.

Heureusement, Raunai, détaché pour lors, n'était pas au château de son général lorsque tout ceci s'était passé.

Trouvant inutile d'y rentrer seul, il fut se joindre à Champs, à Coqueville, à Lamotte, à Bertrand-Chaudieu, qui conduisaient les milices de l'Ile-de-France, et concevant le danger que le baron et

Juliette couraient vraisemblablement dans Amboise, il anima ces capitaines à la vengeance et les décida à une tentative dont nous apprendrons bientôt le succès.

Juliette ne tarda pas à savoir le malheureux sort de son père: elle ne douta plus qu'elle ne fût la cause des indignes procédés du duc de Guise.

—Le barbare, s'écria-t-elle, au comte de Sancerre assez généreux pour recevoir ses larmes et pour les partager, croit-il en m'enlevant ce que j'ai de plus précieux me contraindre à l'ignominie qu'il exige?... Ah! je lui prouverai quelle est Juliette; je lui ferai voir qu'elle sait mourir ou se venger, mais qu'elle est incapable de se souiller d'opprobres.

Furieuse, elle vole chez le duc de Guise.

—Monsieur, lui dit-elle fièrement, j'imaginais que la grandeur et la noblesse de l'âme devaient guider dans toutes les actions, ceux sur qui l'état se repose du soin de le conduire, et que les ressorts d'un gouvernement, en un mot, ne se confiaient qu'aux mains de la vertu. Mon père m'envoie vers vous pour négocier sa justification; non-seulement vous me fermez les avenues du trône, non-seulement vous empêchez que je ne puisse me faire entendre, mais vous profitez même de cet instant pour plonger mon malheureux père dans une affreuse prison.

Ah! monsieur le duc, ceux qui, comme lui, ont versé près de vous leur sang pour la patrie, me paraissaient mériter plus d'égards; ainsi donc pour éluder ma première demande, vous me contraignez d'en faire une seconde, et vous me précipitez dans de nouveaux malheurs, pour éteindre en moi le souvenir des premiers?... Ah! monsieur, la rigueur, toujours voisine de l'injustice et de la cruauté, énerve les âmes, leur enlève l'énergie qu'elles ont reçue de la nature, par conséquent le goût des vertus; et l'état alors, au lieu de la gloire de commander à des hommes libres, entraînés vers lui par le cœur, n'a plus sous sa verge de fer que des esclaves qui l'abhorrent.

—Votre père est coupable, Juliette, il est maintenant impossible de se faire illusion sur sa conduite; le château dans lequel il était s'est trouvé rempli d'armes et de munitions; on le croit, en un mot, le second chef de l'entreprise.

—Jamais mon père n'a changé de langage, monsieur: il a dit à Nemours, il a dit à Sancerre: «Qu'on me conduise aux pieds du trône, je ne demande qu'à être entendu. Les armes que vous me voyez, ne sont destinées que contre ceux qui veulent nous empêcher de l'être, et qui abusent d'un crédit usurpé, pour établir leur puissance sur la faiblesse et le malheur des peuples».....

Voilà ce que mon père à dit; voilà ce qu'il vous crie encore du fond de sa prison. Serais-je, en un mot, près de vous, monsieur, si mon père se croyait coupable? Sa fille viendrait-elle dresser l'échafaud qu'il aurait cru mériter?

—Un mot, un seul mot peut finir vos malheurs, Juliette.... Dites que vous ne me haïssez pas; ne détruisez point l'espoir au fond d'un cœur qui vous adore, et je serai le premier à persuader de mon mieux à la cour, l'innocence et la fidélité de votre père.

—Ainsi donc vous serez juste, si je consens à être criminelle, et je n'aurai droit aux vertus où je dois prétendre, qu'en foulant aux pieds celles qui m'enchaînent! ces procédés sont-ils équitables, monsieur? Ne rougissez-vous pas de les afficher, et voudriez-vous que je les publiasse?

—Vous comprenez mal ce que je vous offre, Juliette; je ne suppose pas votre père coupable, il l'est; tel est le point dont il faut partir. Castelnau est coupable, il mérite la mort; je lui sauve la vie si vous vous rendez à moi; je ne controuve point des crimes au baron pour avoir droit à votre reconnaissance. Ces torts existent, ils lui méritent l'échafaud, je les anéantis si vous devenez sensible à ma flamme; votre supposition me prêterait une manière de penser qui ne s'allierait pas à ma franchise: celle qui me dirige s'accorde avec l'honneur; elle prouve, au plus, un peu de faiblesse.... Mais j'ai vos attraits pour excuse.

—S'il est possible, monsieur, que mon père soit libre, tel coupable que vous le supposiez, n'est-il pas plus noble à vous de le sauver sans conditions, que de m'en imposer qu'il m'est impossible d'accepter? Dès que vous pouvez me le rendre, le croyant coupable, pourquoi ne le pouvez-vous de même, son innocence étant assurée?

—Elle ne l'est point: je veux bien passer pour indulgent, mais je ne veux pas que l'on me croie injuste.

—Vous l'êtes en n'absolvant pas un homme auquel il vous est impossible de trouver un seul tort.

—Terminons ces débats, Juliette, votre père professe le culte prescrit par le gouvernement, il est de la religion qui a mérité la mort à Dubourg; il a de plus, été trouvé en armes aux environs du quartier royal. Nous faisons mourir tous les jours des gens dont les dépositions le condamnent; le baron périra comme eux, si des réflexions plus sages de votre part ne vous déterminent promptement à ce qui peut seul le sauver.

—Oh, monsieur, daignez réfléchir au sang qui m'a donné la vie, suis-je faite pour être votre maîtresse, et tant qu'Anne d'Est existera, puis-je être votre femme?

—Ah! Juliette, assurez-moi qu'il n'est que cet obstacle à vaincre, et vous comblerez tous mes vœux.

—Oh ciel! cet obstacle n'est-il donc pas insurmontable? Envelopperez-vous votre illustre épouse dans la proscription générale? lui composerez-vous comme à mon père, des torts, pour avoir droit de l'immoler? et sera-ce au moyen de cette foule de crimes que vous croirez obtenir ma main!

—Fille adorée, dites un mot.... un seul mot; assurez-moi que je peux mériter votre cœur, et je me charge des moyens de l'acquérir. Ces chaînes indissolubles pour les mortels ordinaires, se brisent facilement chez ceux que la fortune et la naissance élèvent.... il est, sans explication, mille moyens de m'appartenir, Juliette, et c'est à vous de prononcer.

—Je vous l'ai dit, monsieur, je ne suis pas maîtresse de mon cœur.

—Et quel est donc celui que vous me préférez?

—Vous le nommer!...... Vous offrir une victime de plus!...... Ne l'imaginez pas.

—Allez, mademoiselle, allez, dit le duc irrité, je saurai punir vos refus: le spectacle de votre père aux pieds de l'échafaud, fléchira peut-être vos injustes rigueurs.

—Ah! souffrez du moins que j'aille embrasser ses genoux, ne m'empêchez pas, monsieur, d'aller arroser son sein de mes larmes; je lui ferai part de vos projets; s'il préfère la vie à l'honneur de sa fille... peut-être immolerai-je mon amour. Mon père est tout ce que j'ai de plus sacré: il n'en est aucun dans le monde dont j'aimasse mieux être la fille...... Mais, monsieur le duc, quelle action! n'aurez-vous nul remords d'une victoire acquise au prix de tant de crimes... d'un triomphe dont vous ne jouirez qu'en nous couvrant de larmes... qu'en plongeant trois mortels au sein de l'infortune? quelle différente opinion j'avais de votre âme...... je la supposais l'asile des vertus, et je n'y vois régner que des passions.

Le duc promit à Juliette qu'il lui serait permis de voir son père, et elle se retira dans le plus grand accablement.

Cependant, disent nos historiens, «tout prenait dans Amboise le train de la plus excessive rigueur; les capitaines envoyés par le duc de Guise, ne furent pas moins heureux que Nemours; cachés dans des ravines ou dans des broussailles, aux endroits où les conjurés devaient passer, ils les enlevaient sans résistance, et les amenaient par bandes dans la ville d'Amboise; on mettait en prison les plus apparents; les autres étaient jugés prévôtalement, et pendus tout bottés et éperonnés, aux créneaux du château ou à de longues perches scellées dans les murailles».

Ces rigueurs révoltèrent.

Le chancelier Olivier, qui, dans le fond de l'âme, penchait pour le nouveau culte, fit entrevoir que des malheurs sans nombre pouvaient devenir la suite de ces cruautés. Il proposa d'accorder des lettres de rémission à tous ceux qui se retireraient paisiblement.

Le duc de Guise n'osait trop combattre cet avis: peu sûr des dispositions de la reine toujours livrée aux Chatillon qu'il soupçonnait les secrets moteurs des troubles, craignant l'inquiétude du roi qui, malgré les chaînes dont on l'entourait, ne pouvait s'empêcher de témoigner que tant d'horreurs ne lui plaisaient pas; le duc accepta tout, bien sûr que Castelnau pris en armes, ne pourrait pas lui échapper, et qu'il serait toujours le maître de Juliette, en tenant dans ses mains la destinée du baron. L'édit se publia: on se crut tranquille à Amboise; les troupes se dispersèrent dans les environs, et cette sécurité pensa coûter bien cher.

Tel fut l'instant que Raunai crut propice pour se rapprocher de Juliette. Il enflamme ses camarades; il leur fait voir qu'Amboise, dégarnie, n'est plus en état de tenir contre eux; qu'il est temps d'aller délivrer la cour de l'indigne esclavage où la tiennent les Guise, et d'obtenir d'elle, non de vaines lettres de rémission, sur lesquelles il est impossible de compter, et qui ne servent qu'à prouver et la faiblesse du gouvernement et l'excessive crainte qu'on a d'eux, mais l'exercice assuré de leur religion, et la pleine liberté de leurs prêches.

Raunai, bien plus excité par l'amour que par quelque autre cause que ce pût être, empruntant l'éloquence de ce dieu pour convaincre ses amis, trouva bientôt dans leur âme la même vigueur dont il leur parut embrâsé; tous jurent de le suivre, et dès la même nuit, ce brave lieutenant de Castelnau les mène sous les remparts d'Amboise.

—Ô murs, qui renfermez ce que j'ai de plus cher, s'écrie Raunai en les apercevant, je fais serment au ciel, ou de vous abattre ou de vous franchir; et, quels que soient les obstacles qui puissent m'être opposés, l'astre du jour n'éclairera plus l'univers sans me revoir aux pieds de Juliette.

On se dispose à la plus vigoureuse attaque: un malentendu fait tout perdre. Les différents corps des conjurés n'arrivent pas ensemble aux rendez-vous qui leur sont indiqués; les coups ne peuvent se porter à la fois; on est averti dans Amboise; on se tient sur la défensive, et tout manque. Le seul Raunai, avec sa troupe, pénètre jusque dans les faubourgs; il arrive à l'une des portes; il la trouve fermée et bien défendue. Pas assez fort pour entreprendre de l'enfoncer, exposé au feu du château qui lui tue beaucoup de monde, il ordonne une décharge d'arquebuserie sur ceux qui gardent les murailles, laisse fuir sa troupe, et lui seul, se débarrassant de ses armes, se jette dans un fossé, franchit les murs et tombe dans la ville.

Connaissant les rues, les soupçonnant désertes à cause de la nuit et d'une attaque qui doit avoir appelé tout le monde au rempart, il vole chez le comte de Sancerre, où il sait bien qu'est logée celle qu'il aime.

Il ose, à tout événement, se fier à la noblesse, à la candeur de ce brave militaire. Il arrive chez lui.... Juste ciel!.... on rapportait le comte blessé des coups de celui qui venait l'implorer.......

—Ô! monsieur, s'écrie Raunai, en mouillant de ses pleurs la blessure du comte, vengez-vous, voilà votre ennemi, voilà celui qui vient de verser votre sang.... ce sang précieux que je voudrais racheter au prix du mien...... Grand dieu! c'est donc ainsi que ma main barbare a traité le bienfaiteur de celle qui m'est chère!

Je viens me rendre à vous, monsieur, je suis votre prisonnier. La malheureuse fille de Castelnau, à laquelle votre générosité donne asile, vous a dit ses malheurs et les miens; je l'adore depuis mon enfance;

elle daigne m'estimer un peu... je venais la trouver... recevoir ses ordres... mourir après, s'il l'eût fallu. Vous voyez, aux périls que j'ai franchis, qu'il n'est rien qui puisse m'être plus cher qu'elle.... Je sais ce qui m'attend.... ce que je mérite.

Chef de l'attaque qui vient de se faire, je sais que des chaînes et la mort vont devenir mon partage; mais j'aurai vu ma Juliette, je serai consolé par elle, et les supplices ne m'effrayent plus si je les subis sous ses yeux.

Ne trahissez point votre devoir, monsieur; voilà mes mains; enchaînez-les.... vous le devez; votre sang coule, et c'est moi qui l'ai répandu!

—Infortuné jeune homme, dit le brave Sancerre, console-toi; ma blessure n'est rien; ce sont des périls que tu as courus comme moi; nous avons tous deux fait notre devoir. Quant à ton imprudence, Raunai, n'imagine pas que j'en abuse; apprends que je ne compte au rang de mes prisonniers, que ceux que ma valeur enchaîne sur le champ de bataille. Tu verras celle que tu adores; ne crains point que je manque aux devoirs de l'hospitalité; tu les réclames chez moi, tu y seras libre comme dans ta propremaison; trouve bon, seulement, que pour ton repos, comme pour le mien, je t'indique un logement plus sûr.

Raunai se précipite aux genoux du comte; les termes manquent à sa reconnaissance... à ses regrets; et Sancerre le prenant aussitôt par la main, tout affaibli qu'il est de sa blessure, le relève et le conduit dans l'appartement de sa femme que Juliette partageait depuis qu'elle était dans Amboise.

Il faudrait d'autres pinceaux que les miens pour rendre la joie de ces deux fidèles amants quand ils se revirent. Mais ce langage de l'amour, ces instants qui ne sont connus que des cœurs sensibles.... ces moments délicieux, où l'ame se réunit à celle de l'objet qu'on adore, où l'on se tait, parce qu'on sent bien qu'aucun mot ne rendrait ce qu'on éprouve, où l'on laisse au sentiment le soin de se peindre lui-même, ce silence, dis-je, n'est-il pas au-dessus de toutes les phrases? Et ceux qui se sont enivrés de ces situations célestes, oseraient-ils dire qu'il puisse en exister de plus divines au monde.... de plus impossibles à tracer?

Cependant Juliette fit bientôt taire les accents de l'amour pour se livrer à ceux de la reconnaissance.

Inquiète de l'état de monsieur de Sancerre, elle voulut partager avec la comtesse et les gens de l'art, le soin de veiller à sa sûreté.

La blessure se trouvant sans aucune sorte de conséquence, le comte exigea alors de Juliette d'aller employer près de son amant des instants aussi précieux.

Mademoiselle de Castelnau obéit, et ayant laissé la comtesse avec son mari, vint retrouver Raunai. Elle lui apprit tout ce qui s'était passé depuis leur séparation, elle ne lui cacha point les vues de monsieur de Guise.

Raunai s'en alarma. Un rival de cet ordre est fait pour inquiéter un amant, et un amant coupable, qu'un seul mot de ce rival terrible peut à l'instant couvrir de chaînes.

Le lendemain, monsieur de Sancerre qui allait beaucoup mieux, les rassura l'un et l'autre; il promit même de parler au duc; mais il fut résolu qu'on cacherait les démarches de Raunai qui, dès le même instant, irait vivre ignoré chez un particulier de la même religion que lui, et que chaque soir, dans un cabinet du jardin du comte, ce valeureux amant pourrait entretenir sa maîtresse.

Tous deux tombèrent encore une fois aux pieds de Sancerre et de son épouse; des larmes s'exprimèrent pour eux; et sur le soir, Raunai, conduit par un page, fut s'enfermer dans son asile.

L'attaque de la nuit précédente suffit à persuader aux Guise qu'ils ne devaient plus se croire engagés par l'édit qu'on venait de publier.

Le sang recommence donc à couler dans Amboise; des échafauds dressés dans tous les coins, offrent à chaque instant de nouvelles horreurs; des troupes répandues dans les environs, font main basse sur tous les protestants; ou on les égorge sur l'heure même, ou on les précipite pieds et mains liés dans la Loire; les capitaines seuls, et les gens de marque, sont réservés aux tourments de la question, afin d'arracher de leur bouche le nom des vrais chefs du complot.

On soupçonnait le prince de Condé; mais on n'osait pas se l'avouer. Catherine frémissait de l'obligation de trouver un tel coupable; et les Guise sentaient bien que l'ayant découvert, il fallait l'immoler ou le craindre.

Que d'inconvénients dans l'un ou dans l'autre cas.

Mais plus les protestants montraient d'énergie, plus le duc voyait de moyens à la condamnation de Castelnau, et plus, par conséquent, l'espoir d'obtenir Juliette s'allumait doucement dans son âme. Celui qui a le malheur de projeter un crime, ne voit pas, sans une joie secrète, les événements secondaires concourir au succès de ses desseins.

Il n'y avait plus d'autres amusements à Amboise que ceux de ces horribles meurtres. La tyrannie, qui effraie d'abord les souverains, ou plutôt ceux qui les gouvernent, finit presque toujours par leur composer des jouissances. Toute la cour assistait régulièrement à ces actes sanglants, comme celle de Néron autrefois aux exécutions des premiers chrétiens.

Les deux reines, Catherine de Médicis, et Marie Stuart, étaient avec les dames de la cour, dans une galerie du château d'où l'on découvrait toute la place; et, pour amuser davantage les spectateurs, les bourreaux avaient soin de varier les supplices, ou l'attitude des victimes.

Telle était l'école où se formait Charles IX; tel était l'atelier où s'aiguisaient les poignards de la Saint-Barthélemi.

Grand Dieu! voilà comme on a souillé plus de deux cents ans tes autels; voilà comme des êtres raisonnables ont cru devoir t'honorer; c'est en arrosant ton temple du sang de tes créatures, c'est en se souillant d'horreurs et d'infamies, c'est par des férocités dignes des cannibales, que plusieurs races d'hommes sur la terre ont cru remplir tes vœux, et plaire à ta justice. Être des êtres, pardonne-leur cet aveuglement; il fut la peine dont tu crus devoir punir leur dépravation et leurs crimes; tant d'atrocités ne peuvent naître dans le cœur de l'homme, que, lorsqu'abandonné de tes lumières, il est comme Nabuchodonosor, réduit par ta main même au stupide esclavage des bêtes.

La seule Anne d'Est cette respectable épouse du duc de Guise, cette femme intéressante qu'il était prêt de sacrifier à ses passions, elle seule eut l'horreur de ces monstrueuses barbaries.

Elle s'évanouit un jour dans les gradins de la sanglante arêne, on la rapporta chez elle baignée de larmes; Catherine y vole, elle lui demande la cause de son accident.

—Hélas! madame, répondit la duchesse, jamais mère eut-elle plus de raison de s'affliger. Quel affreux tourbillon de haine, de sang et de vengeance s'élève sur la tête de mes malheureux enfants[4].

Le comte de Sancerre dont la blessure n'était rien, et qui allait mieux de jour en jour, tint à mademoiselle de Castelnau la parole qu'il lui avait donnée; il fut trouver le duc de Guise, dont il était chéri, et dont il devait être respecté à toute sorte d'égards, et ne lui déguisant que le séjour de Raunai dans Amboise, il ne lui cacha rien de ce qu'il avait appris de Juliette.

—Quel est votre objet, monsieur, lui dit fermement le comte: est-ce à celui qui gouverne l'état de se livrer à des passions.... toujours dangereuses, quand on a la possibilité de faire autant de mal? Oserez-vous immoler Castelnau pour vous rendre maître de Juliette? et ferez-vous dépendre le sort de ce malheureux père de l'ignominie de la fille?

Le duc un peu surpris de voir monsieur de Sancerre si parfaitement au fait, lui fit entrevoir, que quoiqu'il eût des enfants d'Anne d'Est, il pourrait néanmoins trouver des moyens de rupture à son mariage avec elle....

—Ô mon cher duc! interrompit le comte, voilà comme les passions déraisonnent toujours! Quoi! vous romprez l'alliance contractée avec une princesse, pour épouser la fille d'un homme, contre lequel vous faites la guerre; vous vous brouillerez avec François II, dont ces nœuds vous rendent l'oncle; avec le duc de Ferrare dont ils vous font devenir le gendre, vous culbuterez l'édifice d'une fortune où vous travaillez depuis tant d'années, et tout cela pour le vain plaisir d'un moment, pour une passion qui s'éteindra sitôt qu'elle sera satisfaite, et qui ne vous laissera que des remords? Sont-ce là les sentiments qui doivent animer un héros? Est-ce à l'amour à nuire à l'ambition? vous avez déjà beaucoup trop d'ennemis, monsieur; ne cherchez point à en accroître le nombre. Excusez ma franchise, j'ai acquis le droit, par mon âge et par mes travaux, de vous parler comme je le fais; l'estime dont vous m'honorez m'y autorise......

Ah! croyez-moi, gardez-vous de laisser soupçonner que l'amour puisse entrer pour quelque chose dans les troubles que vos rigueurs excitent. Le Français courbe avec peine sous le joug d'un ministre étranger; quelque grand que vous puissiez être, le sang de sa nation ne coule pas dans vos veines, et c'est un grand tort à ses yeux quand on veut prétendre à le régir; amis, ennemis, tout vous condamne, tout attribue au désir de vous élever les malheurs dont vous affligez la France.

On connaît vos prétentions à vous dire issu de la seconde race de nos rois, et à revendiquer la couronne à ce titre sur les descendants de Hugues Capet. Admettons un instant cette idée, la favoriserez-vous en rompant d'illustres alliances pour en contracter une si forte au-dessous de vous?

Ainsi, soit que vous aspiriez au plus haut degré de gloire, soit que vous vous contentiez de celui où vous êtes, dans tous les cas, vos projets sont indignes de vous; monsieur le duc, vous devez aux Français l'exemple des vertus, peut-être avez-vous besoin d'en montrer plus qu'un autre pour effacer les torts dont on vous accuse. Que ce ne soit donc pas dans un moment tel que celui-ci, où la plus répréhensible des faiblesses vienne achever de répandre sur vos actions, un louche, dont vos ennemis ne profiteraient que trop vite. C'est à la postérité, monsieur, qu'un homme comme vous répond de ses démarches, et il ne doit pas en être une seule dans tout le cours de sa vie qui puisse le faire rougir un instant.

—Comte, répondit monsieur de Guise, si vous aviez jamais éprouvé les sentiments que Juliette m'inspire, vous auriez un peu plus d'indulgence pour moi: jamais, mon ami, jamais aucune passion ne s'introduisit plus vivement dans un cœur; ses yeux ont changé mon existence entière, il n'est pas une seule minute dans la journée où je ne sois rempli de son image; et si quelquefois la reine ou son époux veulent trouver en moi le ministre, anéanti du trouble qui me presse, je ne leur montre plus que l'amant. Avec l'âme que vous me connaissez, Sancerre, cette passion peut-elle être soumise à des devoirs? Et vous étonnerez-vous de tous les moyens que je prendrai pour m'assurer l'objet de mon idolâtrie?...... Non, il n'en sera aucun que je n'emploie pour devenir l'amant ou le mari de Juliette; fortune, honneur, considération, crédit, espoir, hymen, enfants, tout...... tout s'immolera dans l'instant aux genoux de celle que j'adore, je ne me plaindrai que de la médiocrité des sacrifices; et si comme vous le dites l'ambition pouvait me donner des remords, ce serait tout au plus ceux de ne pouvoir lui offrir que la seconde place de l'état.

Sancerre combattit vivement ces résolutions du délire, il employa tout ce qu'il crut de plus persuasif, et de plus éloquent; mais, monsieur de Guise fut inébranlable; et le comte n'osant plus insister se retira, content de rapporter au moins à sa protégée, la permission de voir le baron de Castelnau, promise depuis plusieurs jours, et retardée par les nouveaux troubles.

Juliette versa des larmes bien amères, en apprenant que rien au monde ne pouvait changer les résolutions de monsieur de Guise.

—Ô mon ami, dit-elle le même soir à Raunai! il n'est donc que trop sûr que le Ciel ne nous avait pas destinés l'un à l'autre! Quel horrible avenir se présente à mes yeux! il faudra que je devienne la femme de cet homme barbare, souillé du meurtre de nos frères!... Je serai réduite à l'horreur de partager son lit!.... Infortunée! il faut que je perde mon amant ou mon père; il faut que j'immole ou mon amour ou l'être précieux qui m'a donné la vie! voilà donc l'usage que ces hommes d'état font des pouvoirs qui leur sont confiés! et ces fers qui s'appesantissent sur nous, tous ces fléaux qui nous accablent...... au nom d'un souverain...... à chaque instant trompé lui-même, ne sont donc que les moyens des passions de ces hommes puissants.... que les armes secrètes dont ils usent pour les assouvir!..... Il faut qu'elles le soient ou que nous gémissions...; il faut qu'ils deviennent heureux, ou que le sang coule!..... Je voudrais que mes jours... Hélas! ils ne sauveraient rien.... nous n'en péririons pas moins tous les deux.

—Juliette, répondit Raunai, mille sentiments confus m'animent à la fois.... Je puis sortir d'Amboise comme j'y suis entré.... je puis rejoindre mes amis, revenir avec eux sous ces remparts délivrer et ton père et toi, trancher sans aucune pitié les jours de ces cruels despotes qui se font un jeu d'abréger les nôtres, les pulvériser tous au pied du trône que leur tyrannie déshonore, et mériter enfin ton cœur, après avoir immolé nos bourreaux.

L'inaction où je reste pendant que l'on s'abreuve du sang de nos frères m'avilit à mes propres yeux; je voulais embrasser tes genoux.... J'ai réussi... Laisse-moi revoler au combat...... laisse-moi fuir les murs de cette ville odieuse, je ne veux plus y revenir que triomphant; je ne veux plus que tu m'y voyes, qu'apportant à tes pieds la tête de nos persécuteurs.

—Non, calme-toi Raunai, je verrai demain mon père..... Je l'entendrai... peut-être après, te communiquerai-je un dessein plus sûr pour finir nos maux personnels, puisque nous ne pouvons aspirer à l'honneur de terminer ceux de nos compagnons d'infortune.... calme-toi, cher et unique amant, aime Juliette, que l'idée d'en être adoré te console, et sois sûr que qui que ce soit dans l'univers n'acquerra sur son cœur, des droits.... qui ne peuvent appartenir qu'à toi seul.

Mademoiselle de Castelnau ne tarda point à profiter de la permission qu'elle avait obtenue de voir son père; elle vole à la prison. Le baron n'était point prévenu; cette surprise pensa lui coûter la vie; il fut quelques instants sans connaissance dans les bras de Juliette.

—Oh! chère fille, s'écria-t-il, dès que ses yeux furent rouverts au jour, je craignais bien que les barbares ne me traînassent à l'échafaud sans qu'il me fût possible de t'embrasser pour la dernière fois.

—Vous ne mourrez point, mon père, répondit Juliette; je suis la maîtresse de vos jours; un mot de moi peut vous les conserver.

—Un mot! que veux tu dire?... Si ce mot te coûtait l'honneur, Juliette, je ne voudrais point d'une vie payée de ton opprobre.

—Ô! mon père, ce n'est pourtant qu'à ces conditions que je puis vous arracher des mains de nos ennemis... Le duc de Guise.... Il veut que je cède à sa passion; et dès qu'il est enchaîné par l'hymen, ce qu'il exige peut-il avoir lieu sans qu'il en coûte un crime, à lui, ou l'honneur à votre malheureuse fille?

—Ah! Juliette, reprit fermement Castelnau, laisse-moi périr; j'ai vécu; ce serait acheter trop cher le peu de jours que je dois languir ici-bas.... Non, mon enfant, non; je ne les paierai point au prix de ton honneur et de ta félicité. Je le savais trop bien que ces tyrans n'étaient mus que par l'égoïsme, et que l'ambition était l'unique cause de leurs crimes. Mais il est un Dieu juste qui nous vengera, chère fille, un Dieu puissant aux yeux duquel les malheurs sont des droits, et les vertus des titres. Élevée dans la plus pure des religions, garde-toi d'en oublier les principes; qu'ils te servent à jamais d'égide contre les séductions de ces idolâtres, et puisque ma vie ne peut plus garantir ta jeunesse, que ma mort au moins t'encourage.... Tu la verras, ma fille, oui, je demanderai de mourir dans tes bras, et mon âme, bientôt aux pieds de l'Eternel, obtiendra de lui cette protection, que mes revers m'empêchent de t'accorder....

Et Juliette, anéantie dans les bras de son père, ne pouvait que gémir et répandre des larmes.

—Ne pleurs pas, chère fille, reprit le baron, ne t'afflige pas; tu le retrouveras dans le ciel ce père infortuné que l'on t'enlève sur la terre;

il va préparer l'Être Suprême à te faire jouir des faveurs que ta conduite et ta religion doivent te faire espérer de lui.... il va t'attendre dans le sein d'un Dieu.... Ô! ma fille, voilà donc ce que c'est que le monde.... ses espérances.... et ses biens!... Élevé à la cour, fait pour prétendre à tout, l'ami, le compagnon de ces gens-ci, ayant versé près d'eux mon sang pour la patrie.... parce que je ne veux pas adopter leurs erreurs...... parce que je hais leurs sacrilèges et leur impiété...... que je veux en un mot, adorer Dieu dans la pureté de l'Evangile.... tous ces amis.... tous ces camarades sont aujourd'hui mes juges, et demain seront mes bourreaux. Eh! qui leur a donc dit que leur cause est la bonne? Ont-ils entendu mieux que moi la parole divine? Fut-il même vrai que je me trompasse...... une erreur dans le culte doit-elle être mise au rang des crimes? L'Eternel peut-il être honoré par du sang; et ceux qui, pour le servir, osent lui sacrifier des hommes, ne sont-ils point, par cela seul, dans l'erreur et le mauvais chemin?.... N'importe, ma fille, n'importe; je mourrai, puisqu'il le faut...... Oui, je mourrai certainement, puisque je ne pourrais conserver la vie qu'aux dépens de ton honneur.... Mais le brave Raunai, chère fille, qu'est-il devenu dans ce tumulte?

Mademoiselle de Castelnau apprit à son père tout ce qui concernait son amant... elle lui dit qu'il était dans Amboise; elle lui conta comme il s'y était introduit, et l'envie qu'il avait d'en sortir pour tenter un nouveau coup de main.

—Il ne réussirait pas, reprit le baron, ils sont maintenant sur la défensive; tout est manqué; nous avons été trahis...... Ô! Juliette, la bonne cause n'est pas toujours la plus sûre, quand elle est dans les mains du faible.... Mais le ciel est notre recours, je l'implore: il nous exaucera.

Juliette entretint ensuite le baron des honnêtetés du comte de Sancerre.... de tous les soins que son épouse et lui recevaient journellement d'elle, et des démarches infructueuses que le comte avait faites près du duc.

—Sancerre est mon ami depuis l'enfance, reprit le baron; nous avons été élevés tous les deux dans la maison du duc d'Orléans fils de François 1er; nous combattions ensemble à la journée de Saint-Quentin; il a été forcé à ce qu'il a fait vis-à-vis de nous dans la ville de Tours; il le répare par mille procédés nobles. Je reconnais bien là son âme honnête et son cœur vertueux.... peut-être le verrai-je avant ma mort; je le prierai de te servir de père.... de te réunir à ton amant; mais quand je ne serai plus, chère fille, qui sait ce que feront nos tyrans! Proscrite par ta religion, en haine au duc par ta vertu, ô! Juliette, que de malheurs peuvent éclater sur toi!.....

Puis levant les mains vers le ciel......

—Être Suprême, s'écria ce malheureux père, daignez vous contenter de mon supplice; ne permettez pas que cette fille chérie devienne la victime des méchants! son seul crime est de vous servir... de vous adorer comme vous avez désiré de l'être.... comme vous l'avez enseigné par votre sainte loi..... Voudriez-vous, Seigneur, que ses vertus et sa religion, que tout ce qui l'approche le plus de votre sublime essence, devînt la cause de son opprobre, de ses tourments et de sa mort!....

Et l'infortuné Castelnau retombait en larmes dans le sein de sa fille; il la serrait... il la pressait entre ses bras. Craignant peut-être que ce ne fût la dernière fois qu'il lui devînt permis de la voir, son âme paternelle s'exhalait toute entière dans ses sombres caresses; on eût dit qu'il voulait la confondre avec celle de sa fille, afin que quelque chose de lui pût exister encore dans l'objet le plus précieux qui lui restât sur la terre.

—Ô! mon père, dit Juliette, au milieu des sanglots que lui arrachait cette scène de douleur, puis-je consentir à votre supplice? Raunai lui-même peut-il donc le permettre? Ah! croyez-le, mon père, il aimera mille fois mieux renoncer au bonheur de sa vie, que de m'obtenir aux dépends de la vôtre.... Mais quoi! partagerais-je les torts du duc de Guise, si je ne faisais que consentir à devenir son épouse, en le laissant se charger seul des forfaits qui doivent me lier à lui? Au moins vous vivriez, mon père; j'aurais conservé vos jours, je serais l'appui de votre vieillesse, j'en pourrais faire le bonheur.

—Et j'achèterais quelques moments de vie par une multitude de crimes?

—Ce ne seront pas les vôtres.

—N'est-ce pas les partager que d'y donner lieu? Non, ne l'espère pas, ma fille; je ne souffrirai pas qu'Anne d'Est soit immolée pour moi; il faut que l'un des deux périsse; le duc de Guise ne répudiera point sa femme; il ne sera à toi qu'en tranchant les jours de cette vertueuse princesse. Voudrais-tu devenir l'épouse d'un tel homme, d'un barbare qui, non content de ce crime, remplit chaque jour la France de deuil et de larmes?.... Dis, Juliette, dis, pourrais-tu goûter un instant de tranquillité dans les bras d'un tel monstre?..... Et cette vie, qui t'aurait coûté si cher.... ô! mon enfant, crois-tu que j'en pourrais jouir moi-même?.. Non, ma fille; c'est à moi de mourir, mon heure est venue; il faut qu'elle s'accomplisse. Et que sont quelques instants de plus ou de moins? N'est-ce pas un supplice que la vie, quand on ne voit autour de soi que des horreurs et des crimes? Il est temps d'aller chercher dans les bras de Dieu la paix et la tranquillité que les hommes m'ont refusée sur la terre...

Ne pleure pas, Juliette, ne pleure pas; je ne suis pas plus malheureux que le navigateur qui, après des périls sans nombre, touche, à la fin, au port qu'il a tant désiré....

Faut-il t'en dire davantage? je te défends, par toute l'autorité que j'ai sur toi, de songer à me conserver par les moyens infâmes qu'on te propose; et si j'apprenais ta désobéissance sur ce point, je ne te verrais plus.

—Eh bien! mon père, dit Juliette, avec cet élan de l'âme qui annonce qu'elle est remplie d'un projet important, eh bien! il me reste un moyen de vous sauver, et je cours le mettre en usage.

—Qu'il ne soit surtout jamais aux dépends de ce que tu dois à Dieu.... à toi-[Pg 64]même.... à Raunai.... Songe que je ne voudrais pas ajouter vingt ans de plus à ma carrière, si ce long terme pouvait coûter un seul soupir à ton bonheur ou à tes vertus.

Juliette sort et va trouver Raunai.

—Ô! mon ami, lui dit-elle, voici l'instant de me prouver les sentiments que tu m'as jurés dès l'enfance... M'aimes-tu, Raunai? te sens-tu capable du plus grand effort de l'humanité pour me prouver ta flamme?

—Ah! peux-tu croire qu'il puisse exister quelque chose au monde que je ne sois prêt à exécuter pour toi?

—Oui, mon ami, j'en peux douter... Tu trembleras quand je t'aurai tout dit; et néanmoins, il faudra m'obéir, ou me laisser dans l'affreuse idée que tu n'as jamais aimé ta maîtresse.

—Que veux-tu dire, Juliette? tes discours..... l'agitation dans laquelle tu es.... tes yeux, où je ne vois plus que désespoir au lieu d'amour... tout me fait frémir; explique-toi.

—Songe que je m'immolerai moi-même dans le sacrifice que je vais t'expliquer.... Il me coûtera plus qu'à toi; je m'y résous pourtant; que mon exemple t'encourage.... Raunai, m'aimes-tu assez pour consentir à ne plus me revoir........ assez, pour me perdre à jamais?

—Juste ciel!

—Écoute-moi, Raunai, ne t'alarme pas sans être instruit; je vais te proposer un acte de vertu: ton âme accepte, je l'entends. Nos bourreaux n'ont qu'un objet; c'est de savoir quel est le chef.... quel est le principal moteur de tout ceci.

Va trouver le duc de Guise; dis-lui que le seul désir de sauver un ami qui n'est point coupable, t'a fait franchir tous les obstacles qui se trouvaient à pénétrer dans Amboise; assure-le de l'innocence de mon père; dis-lui que bien plus craint qu'aimé dans le parti, Castelnau ne s'est jamais occupé que de le trahir et de se donner au roi; dis-lui que toi seul est au fait de tout, et que sous l'unique clause qu'on rendra le baron à sa fille, tu es prêt à tout révéler.

Donne ta liberté pour garant de ta parole; dis que tu veux remplacer le baron dans les fers, que tu t'offres au supplice qu'on lui a préparé, si tu ne dévoiles pas ce qu'on désire..... On acceptera tout; on ne veut que découvrir les auteurs du complot; la crainte d'être trompé par toi ne les arrêtera point, puisque tu remplaceras mon père, puisque tu seras dans leurs mains comme lui....

Tu vois l'immensité du sacrifice que je te propose, car ils n'arracheront rien de toi, je le sais; tu mourras donc, mon ami; c'est à la mort que je t'envoie; mais n'imagine pas que je te survive, je te suis dans l'obscurité du tombeau; mon âme y vole avec la tienne.

Ce respectable vieillard n'a-t-il pas mérité de jouir de son dernier âge? N'a-t-il donc pas plus de droit à la vie que ses enfants? Ah! le prix de ce que nous allons faire, mon ami, s'offre à nous de toutes parts; nous le trouverons dans le sein de Dieu, il nous attend pour y couronner cette grande action, elle se conservera dans le souvenir des hommes, ils la graveront dans le temple de mémoire. Raunai, qu'un tel sort est au-dessus des jouissances mondaines! comme les palmes de l'immortalité sont préférables aux jours obscurs et languissants que nous traînerions sur la terre.

—Embrasse-moi; fille céleste, embrasse-moi, s'écria Raunai. Ah! j'aurai donc pu te prouver mon amour, j'aurai donc su te convaincre une fois qu'il n'est pas un seul être dans le monde qui sache t'aimer comme je le fais.

—Tu consens?

—En doutes-tu?.... Homme digne de moi, s'écria Juliette, viens dans mes bras, viens cueillir sur mes lèvres les premiers et les derniers baisers de l'amour... Ah! quelle âme est la tienne, Raunai, combien je t'aime et combien je t'estime!

N'imagine pourtant pas que je te laisse traîner à l'échafaud sans travailler à ta vengeance, il en coûtera la vie au barbare qui prononcera ton arrêt; vois ce fer, poursuivit-elle, en sortant un poignard de son sein, il ne me quitte pas depuis que je suis dans Amboise, et dès l'instant que tu seras sous les chaînes de mon père, je m'attache aux pas du duc de Guise; il faudra qu'il te sauve ou qu'il périsse lui-même....

Oh ciel! on nous écoute, dit Juliette en entendant du bruit près du cabinet du jardin où elle avait la liberté d'entretenir son amant.... On nous écoute, Raunai, Dieu veuille que nous ne soyons point trahis.... Va! cours, fais ce que j'exige, et sois certain d'être vengé, avant que je ne m'immole avec toi.

Juliette rentra chez madame de Sancerre, sans découvrir la cause de ce qui l'avait effrayée; elle fit part de son inquiétude à la comtesse, qui l'assura que personne n'avait pu s'introduire dans le jardin pendant qu'on lui permettait d'y recevoir Raunai; que monsieur de Sancerre et elle, étaient l'un et l'autre trop intéressés au mystère, pour ne pas avoir pris toutes les précautions qui pouvaient l'assurer: mais Juliette ne se calma point.

Raunai lui obéissait-il? elle ne devait plus le revoir, et dans ce cas, l'avait-elle assez remercié, lui avait-elle assez fait sentir combien elle était touchée d'un sacrifice aussi grand de sa part? Si les amants ordinaires n'ont jamais fini de se parler, combien devait-il rester à ceux-ci, de choses importantes à se dire?

Raunai était loin de balancer; ce qu'il avait promis lui paraissait tellement fait pour sa belle âme, qu'il n'eut pas un instant de repos, que l'échange ne fût proposé. Dès qu'il est jour, il vole chez le duc de Guise.

—Vous Raunai, dans ces lieux, lui dit le ministre étonné.

—Oui, monsieur le duc, moi-même, et la façon dont j'y viens, met à découvert, ce me semble, les intérêts qui m'y conduisent. Vous faites une injustice, monsieur, je la répare.

Le baron de Castelnau que vous retenez dans les fers n'est pas plus coupable que celui des officiers de votre parti qui le servent avec le plus de zèle; c'était à nous de le punir, puisqu'il a dû nous trahir cent fois; daignez le rendre à sa malheureuse fille que vous plongez au désespoir, et ne redoutez pas des ennemis aussi peu dangereux que lui.

Vous exigez le secret de l'entreprise, monsieur; moi seul je puis vous le révéler: que le baron soit libre, à l'instant tout vous sera découvert; n'imaginez pas que je veuille faire échapper une victime de vos mains, pour vous tromper après. Je vous demande la place et les fers du baron, et ma tête est à vous, si je manque au serment que je fais de vous dire tout

—Avez-vous réfléchi, Raunai, dit le duc, à l'imprudence de votre procédé? Avez-vous senti que dès l'instant que vous étiez dans Amboise, vous deveniez prisonnier du roi sans qu'il fût besoin de vous livrer vous-même, et que dès lors les conditions que vous mettez à nous apprendre ce qu'on désire, devenaient d'autant plus inutiles, que les tourments nous suffisent pour obtenir de vous ces aveux.

—Si ma démarche est inconséquente, monsieur, reprit Raunai avec plus de fierté que de prudence, votre discours l'est bien davantage; il faut bien peu connaître la nation, il faut être, comme vous, étranger dans son sein, pour ignorer qu'on peut tout obtenir du Français par l'honneur, et rien par les supplices; essayez-les, monsieur, que vos bourreaux paraissent, vous verrez s'ils m'arracheront le moindre aveu.

—Et quel est l'intérêt que vous prenez à Castelnau?

—Celui qui devrait vous émouvoir, l'envie d'épargner une injustice à l'homme qui conduit l'état; eh! monsieur, votre conscience ne vous en reproche-t-elle pas assez, sans vous noircir encore de celle-ci? des discussions comme celles qui nous divisent, devraient-elles donc coûter autant? Si les ennemis qui viennent de persécuter trente ans notre patrie, se préparaient à l'accabler encore, peut-être se repentirait-on d'avoir sacrifié tant de braves gens à des divisions qu'un seul mot pourrait arranger. C'est pendant les malheurs de la France qu'on regrette ceux qui savent la servir.

L'infortuné baron de Castelnau tant de fois blessé sous vos yeux... tant de fois utile à l'état, ne mérite pas de finir ses jours sur un échafaud; je vous demande encore une fois sa grâce avec instance, monsieur, et vous renouvelle ma parole de vous dévoiler les choses les plus importantes, quand vous aurez rendu à Juliette le plus cher objet de ses désirs.

—Il n'est pas malaisé de voir qu'elle seule vous occupe ici.

—Oui, je l'adore, je ne m'en cache pas, monsieur; mais est-ce à l'obtenir que je travaille, et ce que j'entreprends, poursuivit Raunai, en lançant sur monsieur de Guise un regard énergique, ce que je vous propose enfin, peut-il effrayer mes rivaux? Mon dessein est de lui rendre un père...., un père innocent et qu'elle aime, je vous offre à ce prix l'aveu du secret qui vous intéresse, et vous avez ma vie si je vous en impose.

—Raunai, vous aimez Juliette, dit le duc, avec un trouble dont il lui fut impossible d'être maître.

—Si je l'aime, grand Dieu! elle est l'unique arbitre de mes jours, elle seule dirige mon sort, elle est ma gloire sur la terre, mon espérance dans un monde meilleur.... elle est ma vie... elle est mon âme; elle est tout, monsieur, tout pour l'infortuné qui vous parle.

—Vous auriez pu le dire avec plus de détours, vous deviez soupçonner qu'elle était aimée de moi, puisque je l'avais vue, et que vos transports n'étaient plus qu'une offense, dont il ne tient qu'à moi de me venger.

—Faites, monsieur, faites, répondit fermement Raunai, rendez-vous plus odieux que vous ne l'êtes, achevez de susciter pour ennemis à la France tous les individus qui l'habitent; que tout ce qui respire dans cette[Pg 73] belle partie de l'Europe devienne la proie des viles passions qui vous subjuguent, que le citoyen ne prononçant votre nom qu'avec horreur, le maudisse à tous les instants du jour, soyez à la fois l'épouvante et l'exécration de la patrie, inondez-la par des fleuves de sang, couvrez-la par des champs de carnage; mais ne vous flattez pas de triompher toujours, les Français trouveront encore un Marcel qui saura poignarder dans le sein de leur maître, les vils flatteurs qui les gouvernent; craignez, si la voix de l'honneur n'est pas éteinte en vous, d'offrir une seconde fois ces fléaux à la France, immolez jusqu'au dernier de nous; mais de nos cendres mêmes sortiront des héros qui sauront nous venger.[5]

—Retirez-vous Raunai, dit le duc, trop bon politique pour ne pas se contenir à des reproches aussi durs et aussi mérités. Je ne puis rien vous dire avant que d'avoir entendu Castelnau.... Juliette doit vous savoir gré de ce que vous faites pour elle!

—Elle l'ignore, monsieur.

—Je veux le croire; quoi qu'il en soit retirez-vous....

Et du ton de la plus sanglante ironie:

—Il faudra travailler à vous conserver tous; des officiers aussi pleins d'ardeur doivent être précieux à l'état, et je ne veux pas que vous m'en regardiez toujours comme le tyran.

Raunai sortit, fâché de s'être trop livré à des mouvements, dont son amour et sa fierté l'avaient empêché d'être maître, et craignant qu'un peu trop de chaleur, n'eût plutôt gâté que servi les affaires du baron.

Pour monsieur de Guise, il ne tarda pas d'apprendre à son ami Sancerre, tout ce qui venait de se passer; le comte n'avoua point qu'il savait Raunai dans la ville, mais il persista à engager le duc à des voies de clémence, qu'il croyait indispensables dans la situation des choses.

—Raunai s'immortalise, dit Sancerre; ce trait est digne des Romains.... Monsieur le Duc, quand la postérité racontera son histoire auprès de la vôtre, elle dira: «Raunai, le brave Raunai, offrit sa tête pour sauver celle du père de sa maîtresse, pendant qu'un duc de Guise, un étranger qui gouvernait l'état, croyait le servir alors par une foule de crimes et d'assassinats journaliers».

Le duc se taisait, mais il était facile de démêler dans ses yeux une sorte de contrainte et d'embarras qui peignait l'agitation de son âme.

Ébranlé par des reproches aussi vifs, et qui lui arrivaient de toutes parts, ne pouvant vaincre sa passion, ne se dissimulant pas quel tort elle lui ferait dans l'esprit de la cour, si jamais elle se découvrait, il demandait des conseils au comte; il rejetait ceux qui ne favorisaient pas ses désirs; quelquefois il se décidait à des sacrifices, l'instant d'après on n'entendait plus de lui que des menaces; il s'étonnait qu'on lui résistât; il voulait en faire repentir ceux qui l'osaient, et ces oscillations perpétuelles, ce flux et ce reflux orageux d'une âme tour à tour emportée par l'amour et par le devoir, le rendait le plus infortuné des hommes.

Castelnau fut appelé devant ses juges; quelles que dussent être les intentions du duc de Guise, cet interrogatoire était inévitable; ayant été impossible au baron de revoir sa fille depuis les démarches de Raunai, ses réponses ne purent être analogues aux désirs de ceux qui voulaient le sauver; il n'y avait rien que n'eût entrepris Raunai pour lui faire part de ses desseins, et pour l'engager à parler d'après les plans concertés entre Juliette et lui; mais il n'avait pu réussir, Castelnau parut donc et ne put agir que d'après lui.

Les deux Guise et le Chancelier assistaient à cette séance.

Castelnau débuta par réclamer la parole du duc de Nemours.

—Il m'a juré, dit-il, de me conduire aux pieds du roi, pourquoi suis-je dans les fers?

—Toutes les paroles que Nemours a pu vous donner sont vaines, lui dit le duc de Guise; il n'y a aucun serment qui puisse être regardé comme sacré quand il est fait à un rebelle ou à un hérétique.[6]

—Ainsi donc, reprit Castelnau, je ne dois pas parler davantage de la lettre qu'il vous a plu de m'écrire: voilà des supercheries et des trahisons bien atroces envers un officier français!

On le somma de répondre avec la plus grande justesse à ce qui allait lui être proposé, en le menaçant de la question s'il altérait la vérité.

Castelnau se troubla, il pâlit.

—Vous avez peur baron, lui dit aussitôt le duc de Guise.

—Monsieur, répondit fermement Castelnau, je n'ai jamais tremblé devant les ennemis de la France, vous le savez; mais je suis intimidé devant les miens; peut-être dans le fond de votre âme en savez-vous la raison mieux qu'un autre; faites-moi rendre mes armes, monsieur le duc, ces armes qui m'ont fait si longtemps triompher près de vous, et qu'il paraisse alors celui qui pourra m'ac[Pg 78]cuser d'avoir peur...... Ah! qui sait, monsieur, qui sait si vous ne trembleriez-pas plus que moi, dans le cas où le sort vous mettrait à ma place.... N'importe, que l'on m'interroge et je n'en répondrai pas moins juste.

Alors, suivant le droit insolent et barbare que les juges croyaient avoir de mentir en pareil cas, on lui dit que Raunai l'avait inculpé.

Il répondit que c'était impossible; on lui fit lecture des dépositions de la Bigue et de Mazère; il dit que ceux qui s'avilissaient jusqu'à devenir dénonciateurs, perdaient le droit d'être entendus comme témoins.

Obligés de se contenter de cette récusation, les juges lui dirent, que professant la religion réformée et ayant été pris les armes à la main, il ne pouvait éviter le dernier supplice qu'en dévoilant les chefs dont il avait suivi les ordres.

—Je n'ignore pas, dit Castelnau, que mes juges au nombre desquels je vois mes plus grands ennemis n'aient, et le pouvoir de me faire périr et toute l'habileté nécessaire à en trouver les moyens; mais je déteste le mensonge, et rien ne me contraindra à l'employer pour sauver ma vie. Il faut bien peu connaître la nation pour oser accuser des Français du crime que l'on me suppose, non que l'État, ni celui qui le gouverne, ne redoutent rien de nous; nous ne voulons qu'offrir au souverain la pitoyable situation de la France; lui faire voir les campagnes désertes; d'infortunés citoyens arrachés des bras de leurs épouses, traînés dans les plus obscures prisons; des enfants abandonnés dans les rues, mourant de faim et de misère, réclamant par des cris douloureux des parents que le despotisme leur enlève[7]; des scélérats profitant de ces troubles pour ravager la France, toutes les parties de l'adminis[Pg 80]tration en désordre, la sûreté des chemins négligée, le peuple accablé d'impôts, le malheureux habitant de la campagne attelé lui-même à sa charrue faute d'animaux qui puissent ouvrir le sein de la terre aux chétives semences qu'il va lui confier, et qui ne germeront, arrosées de ses larmes, que pour devenir la proie d'insolents collecteurs; le sang du peuple répandu dans toutes les villes, et le royaume enfin à la veille d'être la conquête de l'ennemi:

Voilà, messieurs, les tableaux que nous devons tracer...... les malheurs que nous voudrions peindre.... les fléaux que nous voudrions éviter! Ces intentions supposent-elles des projets de révolte? Nés Français, nous n'avons pas besoin que personne nous apprenne comment nous devons approcher de nos chefs. Un de nos premiers droits est de réclamer leur justice... de leur faire entendre nos plaintes, nous en usons.....

Mais nous nous armons, dites-vous? Cela est vrai; un voyageur le peut quand il doit traverser une forêt remplie de brigands: voilà l'excuse de nos armes, et nous la croyons légitime; rompez les barrières que vous élevez entre le gouvernement et nous, on ne nous y verra plus arriver que des réclamations à la main.

Nous les avons posées ces armes, sitôt qu'un général en qui nous croyons pouvoir prendre confiance[8] nous a donné sa parole de faciliter nos desseins; vous voyez l'estime que nous devons avoir pour des promesses qui n'ont été faites que pour nous tromper, que pour nous ravir des moyens de justification, et pour nous composer de nouveaux crimes: mais qu'on n'imagine pas que la nation puisse s'abuser longtemps sur les projets des Guise à se frayer un chemin au trône; il leur faut malheureusement pour y parvenir, le sang et les malheurs du peuple; on les verra bientôt au comble de leurs vœux.

Puissent ceux qui nous suivront se trouver bien de ces dangereux changements! si le contraire arrive.... et il arrivera, nous aurons au moins, nous autres victimes immolées par vous aujourd'hui, comme de tendres brebis sans défense, nous aurons, dis-je, pour consolation dans un monde meilleur, l'idée d'avoir perdu nos jours pour le bonheur de la patrie et pour la prospérité de l'État.

Voilà ma tête, faites-la tomber sous vos coups; la voilà, je l'offre et la perds sans regrets; ce n'est pas mourir que d'emporter avec soi d'aussi flatteuses espérances; elle est pour vous cette mort où vous croyez nous condamner...., pour vous seuls, dont la postérité ne parlera qu'avec horreur, tandis qu'objet de son culte et de son admiration, elle daignera nous faire parvenir encore aux pieds de l'éternel ces hommages flatteurs que son équité rend à qui servit les hommes.»

On renouvela les interrogations: Castelnau s'en tint toujours aux mêmes réponses; on lui tendit des pièges, imaginant le trouver en défaut sur la religion..... croyant qu'un guerrier comme lui, plutôt entraîné par l'esprit de parti que par amour de la vérité, serait à coup sûr mauvais théologien; on l'interrogea sur le dogme.

L'érudition de Castelnau confondit tous ses juges; parmi plusieurs autres questions, on lui demanda quelle répugnance il avait à croire la présence réelle de la divinité dans l'eucharistie.

—Monseigneur, dit le baron au cardinal qui lui adressait la parole, ces espèces que vous croyez transubstantiées dans le véritable corps et le véritable sang du fils de Dieu, se corrompent-elles ou non après les paroles du prêtre?

—Elles se corrompent, dit le cardinal.

—Bon, répondit Castelnau: monsieur le duc je vous prends à témoin de l'aveu de votre frère; et vous voudriez, messieurs, poursuit-il, que des espèces qui ne seraient plus matérielles, mais qui selon vous contiendraient le corps et le sang de Notre-Seigneur fussent sujettes aux dissolutions.... aux dégradations de la matière? Ah! messieurs quelle effrayante idée vous avez de la grandeur de l'Eternel! sous quel aspect vous osez nous l'offrir! et comment un gouvernement raisonnable peut-il vouloir cimenter ces blasphèmes absurdes, par le sang précieux des hommes?

—Baron, dit le chancelier, il est aisé de voir que vous avez étudié votre leçon.

—Je me regarderais comme bien méprisable, répondit Castelnau, si ayant à prendre parti dans une affaire qui regarde le salut de mon âme et les intérêts de ma patrie, je m'y étais engagé comme un sot et sans savoir le fond de la question.

—Lorsque vous fréquentiez la cour, reprit le chancelier, vous me paraissiez moins au fait de toutes ces disputes de controverse.

—Cela est vrai, dit le baron, mais j'ai eu des malheurs; j'ai été fait prisonnier de guerre en Flandre, ces moments de vide m'ont fait naître l'envie de m'instruire; je l'ai cru nécessaire, je l'ai fait.

À mon retour je passai chez vous, monseigneur, continua le baron en fixant le chancelier; vous étiez alors dans votre terre de Leuville; vous me demandâtes à quoi j'avais passé le temps durant ma prison, et lorsque je vous eus répondu que c'était à étudier l'écriture sainte et à me mettre au fait des disputes qui agitaient si fort les esprits, vous approuvâtes mon travail; vous dissipâtes les doutes qui me restaient; nous étions, s'il m'en souvient, parfaitement d'accord. Comment se peut-il qu'en si peu de temps l'un de nous deux ait tellement changé de façon de penser, que nous ne puissions plus nous entendre? mais alors vous étiez dans la disgrâce et vous parliez à cœur ouvert.

Malheureux esclave de la faveur, pourquoi faut-il que pour complaire à un homme qui peut-être vous méprise, vous trahissiez aujourd'hui votre Dieu et votre conscience?

Le chancelier confondu, ne digéra point ce reproche; ennemi des Guise et de leur manière de gouverner, il mourut peu après du chagrin d'avoir partagé leurs torts. Le cardinal de Lorraine averti qu'il était très-mal, vint le voir; Olivier, las de feindre, se retourna vers le mur, et ne daigna pas même lui dire une parole.

Cependant la présence d'esprit et la fermeté du baron fixèrent tous les regards sur lui, et lui attirèrent des partisans.

Au lieu de prononcer son arrêt, le duc le renvoya dans sa prison, mais sans s'expliquer, sans que son ami même, le comte de Sancerre, pût entrevoir ses résolutions.

Monsieur de Guise soupçonnait le baron instruit de ses vues sur Juliette, il voyait bien que c'était par prudence que Castelnau n'avait rien révélé sur cela.... Que la crainte d'entraîner avec lui sa malheureuse fille, l'avait déterminé à ne point parler de l'intérêt personnel que le duc avait à le condamner, si Juliette en cédent, ne rachetait les jours de son malheureux père.

Mais cet adroit ministre déguisa sa façon de penser; il se contenta d'interdire sévèrement à Raunai et à Juliette la présence du baron de Castelnau.

Ce fut alors que Raunai se remontra.

Il dit au duc qu'il se rendait à ses ordres, que l'interrogatoire de monsieur de Castelnau étant fait, et que le ministre lui ayant dit de reparaître à cette époque, il venait lui demander instamment la liberté d'un homme.... de l'innocence duquel on avait dû se convaincre.... la permission de prendre sa place en prison, et à l'échafaud s'il n'éclaircissait sur-le-champ ce que paraissait désirer la cour.... c'est-à-dire à l'instant où le baron et sa fille auraient sans nuls dangers quitté le séjour d'Amboise.

—Si vous aviez pu vous concerter avec Castelnau, dit le duc, assurément il aurait parlé d'une autre manière; nous n'avons point encore vu de protestant plus entêté de son erreur; n'importe, Raunai, j'accepte vos offres; mais il faut que ce que vous avez à me dire soit révélé devant Juliette et le baron; ce sont mes ordres, et je ne m'en départirai point.

Songez à votre parole pourtant, c'est sur votre tête que va s'appesantir la hache levée sur celle de Castelnau, si vous ne découvrez vos complices et vos chefs.

—Ma promesse est inviolable, monsieur, répondit Raunai, mais à quoi sert que Juliette se trouve à cet entretien, et qu'espérez-vous que je vous dise devant elle et son père, puisque je ne m'engage à parler que lorsque l'un et l'autre seront hors de ces murs?

—Soit, répondit monsieur de Guise, mais il faut avant que je vous entretienne devant eux.

—Juliette chez vous.... elle.... qui me répond?.... dans cette circonstance.... des fers à Juliette.... la seule idée m'en fait frémir!

—Ai-je besoin de vous pour l'en accabler? je n'ai qu'un ordre à donner pour en devenir maître.

—Oui, vous pouvez tout, homme cruel; eh bien! j'obéirai, Juliette sera demain ici, mais si vous abusez de ma confiance, si vous avez l'infamie d'employer ma main pour vous assurer la victime, non-seulement vous n'apprendrez rien de ce que vous désirez savoir, mais nous nous immolerons plutôt tous deux près de vous, que de devenir l'un et l'autre la proie de votre insigne lâcheté. Homme trop favorisé de la fortune, vous ne savez pas ce que le malheur inspire à deux cœurs courageux, ce qu'il suggère, ce qu'il fait entreprendre; vous ignorez, quelle est l'énergie que le désespoir prête à l'âme, sauvez-nous de l'horreur de vous en convaincre, il n'y aurait ni fers ni supplices qui pussent vous préserver de notre fureur.

—Toujours dur et toujours défiant, Raunai, dit le duc.... Sortez, souvenez-vous de mes ordres; souvenez-vous que votre mort est sûre, si vous échappez l'un ou l'autre d'Amboise avant que je ne vous parle.

—Adieu.

Le premier soin de Raunai fut de rendre à Juliette tout ce qui venait de se passer; il ne déguisa point ses craintes, l'impossibilité qu'il y avait de démêler dans les regards du duc quels pouvaient être ses projets.

—Ô Juliette, dit Raunai dans la plus extrême agitation, si ce barbare allait nous sacrifier l'un et l'autre! Si nous avions nous-mêmes aiguisé le fer dont il va trancher le fil de nos jours, sans réussir à sauver Castelnau.

—Ne crains rien, dit fermement Juliette; obéissons et remettons-nous au ciel du soin de nous préserver.... Il le fera, il n'abandonne jamais ni le malheur, ni la vertu; Raunai.... fut-il entouré de tous ses gardes, il ne m'échappera pas, s'il veut nous trahir.

L'heure est venue.... nos deux amants s'embrassent; ils prennent le ciel à témoin de leur infortune, de leur tendresse.... ils l'implorent, ils se jurent de périr ensemble, s'ils sont contraints de céder à la force et se préparent à se rendre chez monsieur de Guise.

Juliette aurait bien voulu voir avant le comte de Sancerre, il n'avait point paru chez lui du jour.... cette circonstance.... celle du bruit entendu dans le jardin.... tout cela la troublait, mais elle n'osait témoigner son embarras; elle sentait le besoin d'inspirer de la confiance à Raunai, et paraissait encore plus courageuse que lui.

Dans le trajet de la maison du comte à celle du ministre, il leur fut impossible de ne pas s'apercevoir que des soldats les suivaient et ne les perdaient point de vue.

—Ô mon ami, dit Juliette à Raunai, en se précipitant dans ses bras un moment avant que d'entrer, sois sûr que quels que puissent être les événements, je ne te survivrai pas d'une minute.

Ils pénètrent, le duc est seul; mais les gardes restent en dehors.

—Raunai, dit monsieur de Guise, j'ai imaginé que la présence de celle que vous aimez ferait plus d'effet sur vous que des tourments, et que la crainte de l'en voir accablée elle-même, suffirait à vous faire avouer ce que vous prétendez savoir.

—Ainsi donc, répondit Raunai, vous abusez de la confiance que vous avez cherché à m'inspirer, et ce que vous avez exigé de moi, n'est que pour me trahir plus sûrement? Ignorez-vous les conditions auxquelles j'ai consenti de vous instruire? Avez-vous oublié que la liberté du baron en est la clause essentielle?

—Je n'imaginais pas qu'on dût composer dans les fers.

—Y sommes-nous, monsieur, dit Juliette avec fermeté? Et seriez-vous assez lâche pour nous obliger à craindre?

—Votre sort dépend de Raunai, madame, dit le duc.... qu'il parle, ou dans l'instant le cachot du baron va se fermer sur vous.

—Elle prisonnière, dit Raunai au désespoir..., gardez-vous, monsieur.... ah! vous avez bien raison, cette menace est plus cruelle que les tourments.... Eh bien! apprenez....

—Tais-toi, interrompit Juliette, ne vois-tu pas que c'est un piège; l'âme des traîtres éclate sur leur figure.... elle les décèle.

—Raunai, reprit le duc, vous m'en avez imposé, je sais tout; vous n'avez rien à me dire; votre seule intention était de sauver Castelnau; lui libre, et vous dans sa prison, cette femme, que mon seul tort est d'avoir adorée... d'idolâtrer peut-être encore... cette femme dis-je, s'attachait à mes pas, et ne les quittait plus qu'elle n'eût son amant ou ma vie.... Ai-je tort Juliette?

—Il n'est pas vrai que ce brave jeune homme ne puisse vous rien apprendre, monsieur; mais il est certain, dit-elle en faisant étinceler son poignard aux yeux du duc de Guise, il est certain que voilà l'arme qui nous vengeait tous deux, ordonnez son supplice ou mes fers, et vous allez connaître Juliette.

—Il est donc temps, dit le duc, sans jamais quitter le flegme le plus entier, il est donc temps que je punisse l'insolent subterfuge de cet imposteur, ainsi que vos dédains, madame: paraissez Castelnau, venez voir les tourments que je destine à ceux qui vous sont chers....

Quel étonnement pour Juliette et Raunai de voir le baron dégagé de ses chaînes!

—Mon ami, mon vieux camarade, lui dit le duc de Guise, que je joigne au plaisir de vous rendre l'honneur et la vie, celui de remettre en vos mains et votre gendre et votre fille. Vive Castelnau, voilà Juliette... et vous, madame, voilà votre amant, je veux qu'il soit votre époux demain, Juliette...; Castelnau... Raunai, vous ne soupçonnerez plus au moins les vertus impossibles dans l'âme de ceux qui professent ce culte que vous abhorrez.

—Ô grand homme! Monsieur le duc, dit Raunai, dans le délire du bonheur, jamais la France n'aura de serviteurs qui nous vaillent.

Le duc:

—Raunai, serai-je votre ami?

Raunai:

—Ah! mon libérateur.

Le duc:

—Votre ami Raunai, votre ami, et c'est à ce seul titre que je vous conjure d'abandonner des erreurs, dont votre âme sera la triste victime.

—Raunai, dit impétueusement Castelnau, offre ton sang à notre libérateur... le mien... celui de ton épouse; mais ne trahis jamais ta conscience; ne sacrifie point par un désaveu humiliant dont ton âme serait loin, le bonheur éternel qui t'attend au sein de notre religion pure.

—Allez mes amis, dit le duc, vous presser davantage serait perdre le fruit de l'action que vient de me dicter mon cœur. Jouissez de votre grâce et de ma protection; Dieu seul jugera nos âmes.

—Ah! monsieur le duc, s'écria Castelnau en se retirant avec sa fille et son gendre, que cette tolérance précieuse vous éclaire jusqu'à votre dernier soupir, et notre malheureux pays ne verra plus son sein inondé du sang de ses enfants; ce sang qui n'est dû qu'à la patrie, ne se répandra plus que pour elle, et bientôt la maîtresse du monde, elle verra tomber l'univers à ses pieds.

Le comte de Sancerre ne laissa point ignorer à la cour, la grande action du duc de Guise.

Les deux reines voulurent embrasser Juliette et Raunai. Ce fut là qu'on leur permit d'aller jouir en repos, dans leur province, de la liberté qu'on leur laissait sous le serment de ne jamais porter les armes contre l'état. Les reines accablèrent Juliette de présents.

Anne d'Est, même, qui n'avait appris une partie des torts de son époux, qu'avec leur sublime réparation, voulut voir sa rivale; elle la pria en l'embrassant, d'accepter son portrait.

—Je vous le donne, lui dit cette princesse, afin qu'il ajoute à votre triomphe.... afin qu'en vous comparant à lui, vous vous rappelliez chaque jour, combien devait être effrayée celle à qui la noblesse de votre âme rend le bonheur et la tranquillité et qui vous demande à tant de titres, d'être éternellement votre amie.

Ce grand trait de la générosité du duc de Guise ne calma pourtant point les troubles.

Nous laissons à l'histoire le soin de les apprendre, et nous nous bornons à remener dans leur province, Castelnau, Raunai et Juliette, où la prospérité, l'union la plus intime, les plus longs jours, et les plus beaux enfants, leur composèrent un bonheur solide.... digne récompense de leurs vertus.

Ô vous qui tenez dans vos mains le sort de vos compatriotes, puissent de tels exemples vous convaincre que voilà les vrais ressorts avec lesquels on meut toutes les âmes! les chaînes, les délations, les mensonges, les trahisons, les échafauds, font des esclaves, et produisent des crimes; ce n'est qu'à la tolérance qu'il appartient d'éclairer et de conquérir des cœurs; elle seule en offrant des vertus, les inspire et les fait adorer.

Nota. Une exactitude trop scrupuleuse à suivre l'histoire n'eut jeté aucune sorte d'intérêt dans cette nouvelle; il a fallu s'en écarter pour ôter à ce récit appartenant plus au roman qu'à la vérité, l'air de massacre et de boucherie qu'il y a dans nos historiens.

Nous avons donc créé les personnages de Juliette, de Castelnau et de Raunai, ainsi que le trait du duc de Guise.

Raunai et Castelnau existent pourtant dans l'histoire; tous deux périrent sur les échafauds d'Amboise, et n'agirent point comme nous les présentons, à l'exception néanmoins de Castelnau dont l'interrogatoire ici ressemble assez à celui de l'histoire.

On a fort peu parlé du prince de Condé, parce qu'il agit peu dans Amboise, il y est ou trop grand, ou absolument inactif; comme trop grand il eut écrasé Castelnau et Raunai sur lesquels nous voulions répandre l'intérêt; comme inactif, il n'eut que du froid dans une anecdote...... la plus ingrate de nos annales, pour en sortir, une action nerveuse et dramatique, comme doit l'être celle d'une nouvelle historique.

[1]Le duc François de Guise, dans son contrat de mariage avec Anne d'Est, fille du duc de Ferrare et de Renée de France, ce qui le rendait oncle du roi, prend la qualité de duc d'Anjou, fondée sur la prétention qu'avait cette maison de descendre d'Iolande, fille de Renée d'Anjou; c'est celui-là, et le même dont il s'agit ici, qui fut assassiné devant Orléans; il fut la tige de la branche de Mayenne, éteinte en 1621, et père de Henri massacré à Blois; le fils de Henri, nommé Charles, fut père de

Henri, duc de Guise, qui souleva la ville de Naples et qui n'eut point d'enfant. La postérité de ses frères a fini en 1675. (Voyez de Thou, et Hainault.)

[2]Il fut tué par un page du jeune Pardaillan: celui-ci l'ayant rencontré dans la forêt de Château-Renaud, courut sur lui le pistolet à la main; la Renaudie passa deux fois son épée au travers du corps de Pardaillan, dont il était cousin. Le page décharge sur-le-champ son arquebuse sur la Renaudie et l'étend sur le corps de son maître. On apporta le cadavre de la Renaudie à Amboise; on l'attacha à une haute potence au milieu du pont, avec cette inscription: «La Renaudie, dit la Forêt, chef des rebelles».

[3]Voilà comme germaient déjà dans ces âmes fières les premières semences de la liberté.

[4]L'événement où Henri de Guise, un des enfants d'Anne d'Est fut assassiné à Blois, ne rendait-il pas cette très-véritable complainte une sorte de prédiction?

[5]Raunai parle ici de l'anecdote de 1358, pendant que Charles V était régent du royaume, lors de la prison du roi Jean après la bataille de Poitiers. Les mécontents de la capitale ayant à leur tête Étienne Marcel, prévôt des marchands, massacrèrent dans la chambre même du dauphin régent, et à ses pieds, Robert de Clermont, maréchal de Normandie, et Jean de Conflans, maréchal de Champagne. C'est ce Marcel qui, la même année, voulut livrer Paris aux Anglais; mais comme il s'avançait vers la Porte Saint-Antoine, Maillard, fidèle citoyen, dont la statue devrait être érigée sur le lieu même, sauva la ville et assomma le traître d'un coup de hache. Nous avons bâti beaucoup d'églises, depuis, et pas un malheureux piédestal à cet homme célèbre.

[6]Le conseil de guerre présidé par le maréchal de Saint-André l'avait décidé de cette manière.

[7]Peu avant ces troubles, il y avait eu des enlèvements d'enfants qui n'avaient point la religion pour cause; on voyait dans les campagnes les mères éplorées s'enfuir en pressant leurs enfants dans leur sein; d'autres les cachaient dans des trous, dans des buissons où elles revenaient les chercher

après; la désolation était générale, on ne sut jamais trop le véritable sujet de ces rapts; on les trouve à quatre différentes époques dans les annales secrètes de la monarchie; une fois sous la première race, ensuite sous Louis XI, sous François II et sous Louis XV. On en a douté, mais à tort, ils ont eu lieu très-certainement à chacune des ces époques.

[8]Le duc de Nemours.

IDÉE

SUR LES ROMANS

On appelle roman, l'ouvrage *fabuleux* composé d'après les plus singulières aventures de la vie des hommes.

Mais pourquoi ce genre d'ouvrage porte-t-il le nom de roman?

Chez quel peuple devons-nous en chercher la source, quels sont les plus célèbres?

Et quelles sont, enfin, les règles qu'il faut suivre pour arriver à la perfection de l'art de l'écrire?

Voilà les trois questions que nous nous proposons de traiter; commençons par l'étymologie du mot.

Rien ne nous apprenant le nom de cette composition chez les peuples de l'antiquité, nous ne devons, ce me semble, nous attacher qu'à découvrir par quel motif elle porta chez nous celui que nous lui donnons encore.

La langue *Romane* était comme on le sait, un mélange de l'idiome celtique et latin, en usage sous les deux premières races de nos rois, il est assez raisonnable de croire que les ouvrages du genre dont nous parlons, composés dans cette languc, durent en porter le nom, et l'on put dire *une romane*, pour exprimer l'ouvrage où il s'agissait d'aventures amoureuses, comme on a dit une *romance* pour parler des complaintes du même genre. En vain chercherait-on une étymologie différente à ce mot; le bon sens n'en offrant aucune autre, il paraît simple d'adopter celle-là.

Passons donc à la seconde question.

Chez quel peuple devons-nous trouver la source de ces sortes d'ouvrages, et quels sont les plus célèbres?

L'opinion commune croit la découvrir chez les Grecs; elle passa de là chez les Mores, d'où les Espagnols la prirent pourla transmettre ensuite à nos troubadours, de qui nos romanciers de chevalerie la reçurent.

Quoique je respecte cette filiation, et que je m'y soumette quelquefois, je suis loin cependant de l'adopter rigoureusement; n'est-elle pas en effet bien difficile dans des siècles où les voyages étaient si peu connus, et les communications si interrompues; il est des modes, des usages, des goûts qui ne se transmettent point; inhérents à tous les hommes, ils naissent naturellement avec eux: partout où ils existent, se retrouvent des traces inévitables de ces goûts, de ces usages et de ces modes.

N'en doutons point, ce fut dans les contrées qui, les premières reconnurent des Dieux, que les romans prirent leur source, et par conséquent en Égypte, berceau certain de tous les cultes; à peine les hommes eurent-ils *soupçonné* des êtres immortels, qu'ils les firent agir et parler; dès lors, voilà des métamorphoses, des fables, des paraboles, des romans; en un mot voilà des ouvrages de fictions, dès que la fiction s'empare de l'esprit des hommes. Voilà des livres fabuleux, dès qu'il est question de chimères; quand les peuples, d'abord guidés par des prêtres, après s'être égorgés pour leurs fantastiques divinités, s'arment enfin pour leur rois ou pour leur patrie, l'hommage offert à l'héroïsme, balance celui de la superstition; non-seulement on met, très-sagement alors, les héros à la place des Dieux, mais on chante les enfants de Mars comme on avait célébré ceux du ciel; on ajoute aux grandes actions de leur vie, ou, las de s'entretenir d'eux, on crée des personnages qui leur ressemblent... qui les surpassent, et bientôt de nouveaux romans paraissent, plus vraisemblables sans doute, et bien plus faits pour l'homme que ceux qui n'ont célébré que des fantômes. Hercule,[9] grand capitaine, dut vaillamment combattre ses ennemis, voilà le héros et l'histoire; Hercule détruisant des monstres, pourfendant des géants, voilà le Dieu... la fable et l'origine de la superstition; mais de la superstition raisonnable, puisque celle-ci n'a pour base que la récompense de l'héroïsme, la reconnaissance due aux libérateurs d'une nation, au lieu que celle qui forge des êtres incréés, et jamais aperçus, n'a que la crainte, l'espérance, et le dérèglement d'esprit pour motifs. Chaque peuple eut donc ses Dieux, ses demi-dieux, ses héros, ses véritables histoires et ses fables; quelque chose comme on vient de le voir, put être vrai dans ce qui concernait les héros; tout fut controuvé, tout fut fabuleux dans le reste, tout fut ouvrage d'invention, tout fut roman, parce que les Dieux ne parlèrent que par l'organe des hommes, qui plus ou moins intéressés à ce ridicule artifice, ne manquèrent pas de composer le langage des fantômes de leur esprit, de tout ce qu'ils imaginèrent de plus fait pour séduire ou pour effrayer, et par conséquent de plus fabuleux; «c'est une opinion reçue, (dit le savant Huet) que le nom de roman se donnait autrefois aux histoires, et qu'il s'appliqua depuis aux fictions, ce qui est un témoignage invincible que les uns sont venus des autres.»

Il y eut donc des romans écrits dans toutes les langues, chez toutes les nations, dont le style et les faits se trouvèrent calqués, et sur les mœurs nationales, et sur les opinions reçues par ces nations.

L'homme est sujet à deux faiblesses qui tiennent à son existence, qui la caractérisent. Partout il faut *qu'il prie*, partout il faut *qu'il aime*; et voilà la base de tous les romans; il en a fait pour peindre les êtres qu'il *implorait*, il en a fait pour célébrer ceux qu'il *aimait*. Les premiers, dictés par la terreur ou l'espoir, durent être sombres, gigantesques, pleins de mensonges et de fictions, tels sont ceux qu'Esdras composa durant la captivité de Babylone. Les seconds, remplis de délicatesse et de sentiment, tel est celui de Théagène et de Chariclée, par Héliodore; mais comme l'homme *pria*, comme il *aima* partout, sur tous les points du globe qu'il habita, il y eut des romans, c'est-à-dire des ouvrages de fictions qui, tantôt peignirent les objets fabuleux de son culte, tantôt ceux plus réels de son amour.

Il ne faut donc pas s'attacher à trouver la source de ce genre d'écrire, chez telle ou telle nation de préférence; on doit se persuader par ce qui vient d'être dit, que toutes l'ont plus ou moins employé, en raison du plus ou moins de penchant qu'elles ont éprouvé, soit à l'amour, soit à la superstition.

Un coup d'œil rapide maintenant sur les nations qui ont le plus accueilli ces ouvrages mêmes, et sur ceux qui les ont composés; amenons le fil jusqu'à nous, pour mettre nos lecteurs à même d'établir quelques idées de comparaison.

Aristide de Milet est le plus ancien romancier dont l'antiquité parle; mais ses ouvrages n'existent plus. Nous savons seulement qu'on nommait ses contes, *les Milésiaques*; un trait de la préface de l'âne d'or, semble prouver que les productions d'Aristide étaient licencieuses, *je vais écrire dans ce genre*, dit Apulée en commençant son âne d'or.

Antoine Diogène, contemporain d'Alexandre, écrivit d'un style plus châtié les amours de Dinias et de Dercillis, roman plein de fictions, de sortilèges, de voyages et d'aventures fort extraordinaires, que le Seurre copia en 1745 dans un petit ouvrage plus singulier encore; car non content de faire comme Diogène voyager ses héros dans des pays connus, il les promène tantôt dans la lune, et tantôt dans les enfers.

Viennent ensuite les aventures de Sinonis et de Rhodanis, par Jamblique; les amours de Théagène et de Chariclée, que nous venons de citer; la Cyropédie, de Xénophon; les amours de Daphnis et Chloé, de Longus; ceux d'Ismène, et beaucoup d'autres, ou traduits, ou totalement oubliés de nos jours.

Les Romains plus portés à la critique, à la méchanceté qu'à l'amour ou qu'à la prière, se contentèrent de quelques satyres, telle que celles de Pétrone et de Varron, qu'il faudrait bien se garder de classer au nombre des romans.

Les Gaulois, plus près de ces deux faiblesses, eurent leurs bardes qu'on peut regarder comme les premiers romanciers de la partie de l'Europe que nous habitons aujourd'hui. La profession de ces bardes, dit Lucain, était d'écrire en vers, les actions immortelles des héros de leur nation, et de les chanter au son d'un instrument qui ressemblait à lal yre; bien peu de ces ouvrages sont connus de nos jours. Nous eûmes ensuite, les faits et gestes de Charles-le-Grand, attribués à l'archevêque Turpin, et tous les romans de la Table ronde, les Tristan, les Lancelot du lac, les Perce-Forêts, tous écrits dans la vue d'immortaliser des héros connus, ou d'en inventer d'après ceux-là qui, parés par l'imagination, les surpassassent en merveilles; mais quelle distance de ces ouvrages longs, ennuyeux, empestés de superstition, aux romans grecs qui les avaient précédés! Quelle barbarie, quelle grossièreté succédaient aux romans pleins de goût et d'agréables fictions, dont les Grecs nous avaient donné les modèles; car bien qu'il y en eût sans doute d'autres avant eux, au moins alors ne connaissait-on que ceux-là.

Les troubadours parurent ensuite; et quoiqu'on doive les regarder, plutôt comme des poètes que comme des romanciers, la multitude de jolis contes qu'ils composèrent en prose, leur obtiennent cependant avec juste raison, une place parmi les écrivains dont nous parlons. Qu'on jette, pour s'en convaincre, les yeux sur leurs fabliaux, écrits en langue *romane*, sous le règne de Hugues Capet, et que l'Italie copia avec tant d'empressement.

Cette belle partie de l'Europe, encore gémissante sous le joug des Sarrasins, encore loin de l'époque où elle devait être le berceau de la renaissance des arts, n'avait presque point eu de romanciers jusqu'au dixième siècle; ils y parurent à peu près à la même époque que nos troubadours en France, et les imitèrent; mais osons convenir de cette gloire, ce ne furent point les Italiens qui devinrent nos maîtres dans cet art, comme le dit Laharpe, (pag. 242, vol. 3) ce fut au contraire chez nous qu'ils se formèrent; ce fut à l'école de nos troubadours que Dante, Boccace, Tassoni, et même un peu Pétrarque, esquissèrent leurs compositions; presque toutes les nouvelles de Boccace, se retrouvent dans nos fabliaux.

Il n'en est pas de même des Espagnols, instruits dans l'art de la fiction, par les Dores, qui eux-mêmes le tenaient des Grecs, dont ils possédaient tous les ouvrages de ce genre, traduits en Arabe: ils firent de deli cieux romans, imités par nos écrivains; nous y reviendrons.

À mesure que la galanterie prit une face nouvelle en France, le roman se perfectionna, et ce fut alors, c'est-à-dire au commencement du siècle dernier que d'Urfé écrivit son roman de l'Astrée qui nous fit préférer, à bien juste titre, ses charmants bergers du Lignon aux preux extravagants des onzième et douzième siècles; la fureur de l'imitation s'empara dès lors de tous ceux à qui la nature avait donné le goût de ce genre; l'étonnant succès de l'Astrée, que l'on lisait encore au milieu de ce siècle, avait absolument embrasé les têtes, et on l'imita sans l'atteindre. Gomberville, la Calprenède, Desmarets, Scudéri, crurent surpasser leur original, en mettant des princes ou des rois, à la place des bergers du Lignon, et ils retombèrent dans le défaut qu'évitait leur modèle; la Scudéri fit la même faute que son frère; comme lui, elle voulut ennoblir le genre de d'Urfé, et comme lui, elle mit d'ennuyeux héros à la place de jolis bergers. Au lieu de représenter dans la personne de Cyrus un roi tel que le peint Hérodote, elle com posa un Artamène plus fou que tous les personnages de l'Astrée... un amant qui ne sait que pleurer du matin au soir, et dont les langueurs excèdent au lieu d'intéresser; mêmes inconvénients dans sa Célie où elle prête aux Romains qu'elle dénature, toutes les extravagances des modèles qu'elle suivait, et qui jamais n'avaient été mieux défigurés.

Qu'on nous permette de rétrograder un instant, pour accomplir la promesse que nous venons de faire de jeter un coup d'œil sur l'Espagne.

Certes, si la chevalerie avait inspiré nos romanciers en France, à quel degré n'avait-elle pas également monté les têtes au delà des monts? Le catalogue de la bibliothèque de dom Quichotte, plaisamment fait par Miguel Cervantes, le démontre évidemment; mais quoi qu'il en puisse être, le célèbre auteur des mémoires du plus grand fou qui ait pu venir à l'esprit d'un romancier, n'avait assurément point de rivaux. Son immortel ouvrage connu de toute la terre, traduit dans toutes les langues, et qui doit se considérer comme le premier de tous les romans, possède sans doute plus qu'aucun d'eux, l'art de narrer, d'entremêler agréablement les aventures, et particulièrement d'instruire en amusant. *Ce livre*, disait St.-Evremond, *est le seul que je relis sans m'ennuyer, et le seul que je voudrais avoir fait.* Les Douze Nouvelles du même auteur, remplies d'intérêt, de sel et de finesse, achèvent de placer au premier rang ce célèbre écrivain espagnol, sans lequel peut-être nous n'eussions eu, ni le charmant ouvrage de Scarron, ni la plupart de ceux de Lesage.

Après d'Urfé et ses imitateurs, après les Ariane, les Cléopâtre, les Pharamond, les Polixandre, tous ces ouvrages enfin où le héros soupirant neuf volumes, était bien heureux de se marier au dixième; après, dis-je, tout ce fatras inintelligible aujourd'hui, parut madame de Lafayette qui, quoique séduite par le langoureux ton qu'elle trouva établi dans ceux qui la précédaient, abrègea néanmoins beaucoup, et en devenant plus concise, elle se rendit plus intéressante. On a dit, parce qu'elle était femme, (comme si ce sexe, naturellement plus délicat, plus fait pour écrire le roman, ne pouvait en ce genre, prétendre à bien plus de lauriers que nous) on a prétendu dis-je, qu'infiniment aidée, Lafayette n'avait fait ses romans qu'avec le secours de Larochefoucauld pour les pensées, et de Segrais pour le style; quoi qu'il en soit, rien d'intéressant comme Zaïde, rien d'écrit agréablement comme la princesse de Clèves. Aimable et charmante femme, si les grâces tenaient ton pinceau, n'était-il donc pas permis à l'amour, de le diriger quelquefois?

Fénélon parut, et crut se rendre intéressant, en dictant poétiquement une leçon à des souverains qui ne la suivirent jamais; voluptueux amant de *Guion*, ton âme avait besoin d'aimer, ton esprit éprouvait celui de peindre; en abandonnant le pédantisme, ou l'orgueil d'apprendre à régner, nous eussions eu de toi des chefs-d'œuvre, au lieu d'un livre qu'on ne lit plus. Il n'en sera pas de même de toi, délicieux Scarron, jusqu'à la fin du monde, ton immortel roman fera rire, tes tableaux ne vieilliront jamais. Télémaque qui n'avait qu'un siècle à vivre, périra sous les ruines de ce siècle qui n'est déjà plus; et tes comédiens du Mans, cher et aimable enfant de la folie, amuseront même les plus graves lecteurs, tant qu'il y aura des hommes sur la terre.

Vers la fin du même siècle, la fille du célèbre Poisson, (madame de Gomez) dans un genre bien différent que les écrivains de son sexe qui l'avaient précédée, écrivit des ouvrages qui, pour cela n'en étaient pas moins agréables, et ses Journées amusantes, ainsi que ses Cent Nouvelles nouvelles feront toujours, malgré bien des défauts, le fond de la bibliothèque de tous les amateurs de ce genre. Gomez entendait son art, on ne saurait lui refuser ce juste éloge. Mademoiselle de Lussan, mesdames de Tencin, de Graffigni, Elie de Beaumont et Riccoboni la rivalisèrent; leurs écrits pleins de délicatesse et de goût, honorent assurément leur sexe. Les lettres Péruviennes de Graffigni seront toujours un modèle de tendresse et de sentiment, comme celles de myladi Castesbi par Riccoboni, pourront éternellement servir à ceux qui ne prétendent qu'à la grâce et à la légèreté du style. Mais reprenons le siècle où nous l'avons quitté, pressé par le désir de louer des femmes aimables, qui donnaient en ce genre, de si bonnes leçons aux hommes.

L'épicuréïsme des Ninon-de-Lenclos, des Marion-de-Lorme, des marquis de Sévigné et de Lafare, des Chaulieu, des St Evremond, de toute cette société charmante enfin, qui, revenue des langueurs du dieu de Cythère, commençait à penser comme Buffon, *qu'il n'y avait de bon en amour que le physique*, changea bientôt le ton des romans; les écrivains qui parurent ensuite, sentirent, que les fadeurs n'amuseraient plus un siècle perverti par le régent, un siècle revenu des folies chevaleresques, des extravagances religieuses, et de l'adoration des femmes; et trouvant plus simple d'amuser ces femmes ou de les corrompre, que de les servir ou de les encenser, ils créèrent des évènements, des tableaux, des conversations plus à l'esprit du jour; ils enveloppèrent du cynisme, des immoralités, sous un style agréable et badin, quelquefois même philosophique, et plurent au moins s'ils n'instruisirent pas.

Crébillon écrivit le Sopha, Tanzai, les Égarements de cœur et d'esprit, etc. Tous romans qui flattaient le vice et s'éloignaient de la vertu, mais qui, lorsqu'on les donna, devaient prétendre aux plus grands succès.

Marivaux, plus original dans sa manière de peindre, plus nerveux, offrit au moins des caractères, captiva l'âme, et fit pleurer; mais comment, avec une telle énergie, pouvait-on avoir un style aussi précieux, aussi maniéré? Il prouva bien que la nature n'accorde jamais au romancier tous les dons nécessaires à la perfection de son art.

Le but de Voltaire fut tout différent; n'ayant d'autre dessein que de placer de la philosophie dans ses romans, il abandonna tout pour ce projet. Avec quelle adresse il y réussit; et malgré toutes les critiques, Candide et Zadig ne seront-ils pas toujours des chefs-d'œuvre!

Rousseau, à qui la nature avait accordé en délicatesse, en sentiment, ce qu'elle n'avait donné qu'en esprit à Voltaire, traita le roman d'une bien autre façon. Que de vigueur, que d'énergie dans l'Héloïse; lorsque Momus dictait Candide à Voltaire, l'amour lui-même traçait de son flambeau, toutes les pages brûlantes de Julie, et l'on peut dire avec raison que ce livre sublime, n'aura jamais d'imitateurs; puisse cette vérité faire tomber la plume des mains, à cette foule d'écrivains éphémères qui, depuis trente ans ne cessent de nous donner de mauvaises copies de cet immortel original; qu'ils sentent donc que pour l'atteindre, il faut une âme de feu comme celle de Rousseau, un esprit philosophe comme le sien, deux choses que la nature ne réunit pas deux fois dans le même siècle.

Au travers de tout cela, Marmontel nous donnait des contes, qu'il appelait *Moraux*, non pas (dit un littérateur estimable) qu'ils enseignassent la morale, mais parce qu'ils peignaient nos mœurs; cependant un peu trop dans le genre maniéré de Marivaux; d'ailleurs que sont ces contes? des puérilités, uniquement écrites pour les femmes et pour les enfants et qu'on ne croira jamais de la même main que Bélisaire, ouvrage qui suffisait seul à la gloire de l'auteur; celui qui avait fait le quinzième chapitre de ce livre, devait-il donc prétendre à la petite gloire de nous donner des contes *à l'eau-rose.*

Enfin les romans anglais, les vigoureux ouvrages de Richardson et de Fielding, vinrent apprendre aux Français, que ce n'est point en peignant les fastidieuses langueurs de l'amour, ou les ennuyeuses conversations des ruelles, qu'on peut obtenir des succès dans ce genre; mais en traçant des caractères mâles qui, jouets et victimes de cette effervescence du cœur connue sous le nom d'amour, nous en montrent à la fois et les dangers et les malheurs; de là seul peuvent s'obtenir ces développements, ces passions si bien tracés dans les romans anglais. C'est Richardson, c'est Fielding qui nous ont appris que l'étude profonde du cœur de l'homme, véritable dédale de la nature, peut seule inspirer le romancier, dont l'ouvrage doit nous faire voir l'homme, non pas seulement ce qu'il est, ou ce qu'il se montre, c'est le devoir de l'historien, mais tel qu'il peut être, tel que doivent le rendre les modifications du vice, et toutes les secousses des passions; il faut donc les connaître toutes, il faut donc les employer toutes, si l'on veut travailler ce genre; là, nous apprîmes aussi, que ce n'est pas toujours en faisant triompher la vertu qu'on intéresse; qu'il faut y tendre bien certainement autant qu'on le peut, mais que cette règle, ni dans la nature, ni dans Aristote, mais seulement celle à laquelle nous voudrions que tous les hommes s'assujettissent pour notre bonheur, n'est nullement essentielle dans le roman, n'est pas même celle qui doit conduire à l'intérêt; car lorsque la vertu triomphe, les choses étant ce qu'elles doivent être, nos larmes sont taries avant que de couler; mais si après les plus rudes épreuves, nous voyons enfin la vertu terrassée par le vice, indispensablement nos âmes se déchirent, et l'ouvrage nous ayant excessivement émus, ayant, comme disait Diderot, *ensanglanté nos cœurs au revers*, doit indubitablement produire l'intérêt qui seul assure des lauriers.

Que l'on réponde; si après douze ou quinze volumes, l'immortel Richardson eût *vertueusement* fini par convertir Lovelace, et par lui faire *paisiblement* épouser Clarisse, eût-on versé à la lecture de ce roman, pris dans le sens contraire, les larmes délicieuses qu'il obtient de tous les êtres sensibles? C'est donc la nature qu'il faut saisir quand on travaille ce genre, c'est le cœur de l'homme, le plus singulier de ses ouvrages, et nullement la vertu, parce que la vertu, quelque belle, quelque nécessaire qu'elle soit, n'est pourtant qu'un des modes de ce cœur étonnant, dont la profonde étude est si nécessaire au romancier, et que le roman, miroir fidèle de ce cœur, doit nécessairement en tracer tous les plis.

Savant traducteur de Richardson, Prévôt, toi, à qui nous devons d'avoir fait passer dans notre langue les beautés de cet écrivain célèbre, ne t'es-t-il pas dû pour ton propre compte un tribut d'éloges, aussi bien mérité; et n'est-ce pas à juste titre qu'on pourrait t'appeler *le Richardson français*; toi seul eus l'art d'intéresser longtemps par des fables implexes, en soutenant toujours l'intérêt, quoiqu'en le divisant; toi seul, ménageas toujours assez bien tes épisodes, pour que l'intrigue principale dût plutôt gagner que perdre à leur multitude ou à leur complication; ainsi cette quantité d'évènements que te reproche Laharpe, est non-seulement ce qui produit chez toi le plus sublime effet, mais en même temps ce qui prouve le mieux, et la bonté de ton esprit, et l'excellence de ton génie. «Les Mémoires d'un homme de qualité, enfin (pour ajouter à ce que nous pensons de Prévôt, ce que d'autres que nous ont également pensé) Cléveland; l'Histoire d'une Grecque moderne, le Monde moral, Manon-Lescaut, surtout,[10] sont remplis de ces scènes attendrissantes et terribles, qui frappent et attachent invinciblement; les situations de ces ouvrages, heureusement ménagées, amènent de ces moments où la nature frémit d'horreur, etc.» Et voilà ce qui s'appelle écrire le roman; voilà ce qui, dans la postérité, assure à Prévôt une place où ne parviendra nul de ses rivaux.

Vinrent ensuite les écrivains du milieu de ce siècle: Dorat aussi maniéré que Marivaux, aussi froid, aussi peu moral que Crébillon, mais écrivain plus agréable que les deux à qui nous le comparons; la frivolité de son siècle excuse la sienne, et il eut l'art de la bien saisir.

Auteur charmant de la reine de Golconde, me permets-tu de t'offrir un laurier? On eut rarement un esprit plus agréable, et les plus jolis contes du siècle ne valent pas celui qui t'immortalise; à la fois plus aimable, et plus heureux qu'Ovide, puisque le héros sauveur de la France, prouve en te rappelant au sein de ta patrie, qu'il est autant l'ami d'Apollon que de Mars; réponds à l'espoir de ce grand homme, en ajoutant encore quelques jolies roses sur le sein de ta belle Aline.

Darnaud, émule de Prévôt, peut souvent prétendre à le surpasser; tous deux trempèrent leurs pinceaux dans le Styx; mais Darnaud, quelquefois adoucit le sein des fleurs de l'Elysée; Prévôt, plus énergique, n'altéra jamais les teintes de celui dont il traça Cléveland.

R... inonde le public, il lui faut une presse au chevet de son lit; heureusement que celle-là toute seule gémira de ses *terribles productions*; un style bas et rampant, des aventures dégoûtantes toujours puisées dans la plus mauvaise compagnie; nul autre mérite enfin, que celui d'une prolixité... dont les seuls marchands de poivre le remercieront.

Peut-être devrions-nous analyser ici ces romans nouveaux, dont le sortilège et la fantasmagorie composent à peu près tout le mérite, en plaçant à leur tête *le Moine*, supérieur, sous tous les rapports, aux bizarres élans de la brillante imagination de *Radgliffe*; mais cette dissertation serait trop longue; convenons seulement que ce genre, quoi qu'on en puisse dire, n'est assurément pas sans mérite; il devenait le fruit indispensable des secousses révolutionnaires dont l'Europe entière se ressentait. Pour qui connaissait tous les malheurs dont les méchants peuvent accabler les hommes, le roman devenait aussi difficile à faire que monotone à lire; il n'y avait point d'individu qui n'eût plus éprouvé d'infortunes en quatre ou cinq ans, que n'en pouvait peindre en un siècle le plus fameux romancier de la littérature; il fallait donc appeler l'enfer à son secours, pour se composer des titres à l'intérêt, et trouver dans le pays des chimères, ce qu'on savait couramment en ne fouillant que l'histoire de l'homme dans cet âge de fer. Mais que d'inconvénients présentait cette manière d'écrire! l'auteur du *Moine* ne les a pas plus évités que *Radgliffe*; ici nécessairement de deux choses l'une, ou il faut développer le sortilège, et dès lors vous n'intéressez plus, ou il ne faut jamais lever le rideau, et vous voilà dans la plus affreuse invraisemblance. Qu'il paraisse dans ce genre un ouvrage assez bon pour atteindre le but sans ce briser contre l'un ou l'autre de ces écueils, loin de lui reprocher ses moyens, nous l'offrirons alors comme un modèle.

Avant que d'entamer notre troisième et dernière question, *quelles sont les règles de l'art d'écrire le roman?* nous devons, ce me semble, répondre à la perpétuelle objection de quelques esprits atrabilaires qui, pour se donner le vernis d'une morale, dont souvent leur cœur est bien loin, ne cessent de vous dire, *à quoi servent les romans?*

À quoi ils servent, hommes hypocrites et pervers, car vous seuls faites cette ridicule question, ils servent à vous peindre, et à vous peindre tels que vous êtes, orgueilleux individus qui voulez vous soustraire au pinceau, parce que vous en redoutez les effets: le roman étant, s'il est possible de s'exprimer ainsi, *le tableau des mœurs séculaires*, est aussi essentiel que l'histoire, au philosophe qui veut connaître l'homme; car le burin de l'une, ne le peint que lorsqu'il se fait voir; et alors ce n'est plus lui; l'ambition, l'orgueil couvrent son front d'un masque qui ne nous représente que ces deux passions, et non l'homme; le pinceau du roman, au contraire, le saisit dans son intérieur... le prend quand il quitte ce masque, et l'esquisse bien plus intéressante, est en même temps bien plus vraie: voilà l'utilité des romans; froids censeurs qui ne les aimez pas, vous ressemblez à ce cul-de-jatte qui disait aussi: *et pourquoi fait-on des portraits?*

S'il est donc vrai que le roman soit utile, ne craignons point de tracer ici quelques-uns des principes que nous croyons nécessaires à porter ce genre à sa perfection; je sens bien qu'il est difficile de remplir cette tâche sans donner des armes contre moi; ne deviens-je pas doublement coupable de n'avoir pas *bien fait*, si je prouve que je sais ce qu'il faut pour *faire bien*. Ah! laissons ces vaines considérations, qu'elles s'immolent à l'amour de l'art.

La connaissance la plus essentielle qu'il exige est bien certainement celle du cœur de l'homme. Or, cette connaissance importante, tous les bons esprits nous approuveront sans doute en affirmant qu'on ne l'acquiert que par des *malheurs* et par des *voyages*; il faut avoir vu des hommes de toutes les nations pour les bien connaître, et il faut avoir été leur victime pour savoir les apprécier; la main de l'infortune, en exaltant le caractère de celui qu'elle écrase, le met à la juste distance où il faut qu'il soit pour étudier les hommes; il les voit de là, comme le passager aperçoit les flots en fureur se briser contre l'écueil sur lequel l'a jeté la tempête; mais dans quelque situation que l'ait placé la nature ou le sort, s'il veut connaître les hommes, qu'il parle peu quand il est avec eux; on n'apprend rien quand on parle, on ne s'instruit qu'en écoutant; et voilà pourquoi les bavards ne sont communément que des sots.

Ô toi qui veux parcourir cette épineuse carrière! ne perds pas de vue que le romancier est l'homme de la nature, elle l'a créé pour être son peintre; s'il ne devient pas l'amant de sa mère dès que celle-ci l'a mis au monde, qu'il n'écrive jamais, nous ne le lirons point; mais s'il éprouve cette soif ardente de tout peindre, s'il entr'ouvre avec frémissement le sein de la nature, pour y chercher son art et pour y puiser des modèles, s'il a la fièvre du talent et l'enthousiasme du génie, qu'il suive la main qui le conduit, il a deviné l'homme, il le peindra; maîtrisé par son imagination qu'il y cède, qu'il embellisse ce qu'il voit: le sot cueille une rose et l'effeuille, l'homme de génie la respire et la peint: voilà celui que nous lirons.

Mais en te conseillant d'embellir, je te défends de t'écarter de la vraisemblance: le lecteur a droit de se fâcher quand il s'aperçoit que l'on veut trop exiger de lui; il voit bien qu'on cherche à le rendre dupe; son amour-propre en souffre, il ne croit plus rien dès qu'il soupçonne qu'on veut le tromper.

Contenu d'ailleurs par aucune digue, use, à ton aise, du droit de porter atteinte à toutes les anecdotes de l'histoire, quand la rupture de ce frein devient nécessaire aux plaisirs que tu nous prépares; encore une fois, on ne te demande point d'être vrai, mais seulement d'être vraisemblable; trop exiger de toi serait nuire aux jouissances que nous en attendons: ne remplace point cependant le vrai par l'impossible, et que ce que tu inventes soit bien dit; on ne te pardonne de mettre ton imagination à la place de la vérité que sous la clause expresse d'orner et d'éblouir. On n'a jamais le droit de mal dire, quand on peut dire tout ce qu'on veut; si tu n'écris comme R...... *que ce que tout le monde sait*, dusses-tu, comme lui, nous donner quatre volumes par mois, ce n'est pas la peine de prendre la plume: personne ne te contraint au métier que tu fais; mais si tu l'entreprends, fais-le bien. Ne l'adopte pas surtout comme un secours à ton existence; ton travail se ressentirait de tes besoins, tu lui transmettrais ta faiblesse; il aurait la pâleur de la faim: d'autres métiers se présentent à toi; fais des souliers, et n'écris point des livres. Nous ne t'en estimerons pas moins, et comme tu ne nous ennuiras pas, nous t'aimerons peut-être davantage.

Une fois ton esquisse jetée, travaille ardemment à l'étendre, mais sans te resserrer dans les bornes qu'elle paraît d'abord te prescrire; tu deviendrais maigre et froid avec cette méthode; ce sont des élans que nous voulons de toi, et non pas des règles; dépasse tes plans, varie-les, augmente-les; ce n'est qu'en travaillant que les idées viennent. Pourquoi ne veux-tu pas que celle qui te presse quand tu composes, soit aussi bonne que celle dictée par ton esquisse? Je n'exige essentiellement de toi qu'une seule chose, c'est de soutenir l'intérêt jusqu'à la dernière page; tu manques le but, si tu coupes ton récit par des incidents, ou trop répétés, ou qui ne tiennent pas au sujet; que ceux que tu te permettras soient encore plus soignés que le fond: tu dois des dédommagements au lecteur quand tu le forces de quitter ce qui l'intéresse, pour entamer un incident. Il peut bien te permettre de l'interrompre, mais il ne te pardonnera pas de l'ennuyer; que tes épisodes naissent toujours du fond du sujet et qu'ils y rentrent; si tu fais voyager tes héros, connais bien le pays où tu les mènes, porte la magie au point de m'identifier avec eux; songe que je me promène à leurs côtés, dans toutes les régions où tu les places; et que peut-être plus instruit que toi, je ne te pardonnerai ni une invraisemblance de mœurs, ni un défaut de costume, encore moins une faute de géographie: comme personne ne te contraint à ces échappées, il faut que tes descriptions locales soient réelles, ou il faut que tu restes au coin de ton feu; c'est le seul cas dans tous tes ouvrages où l'on ne puisse tolérer l'invention, à moins que les pays où tu me transportes ne soient imaginaires, et, dans cette hypothèse encore, j'exigerai toujours du vraisemblable.

Évite l'afféterie de la morale; ce n'est pas dans un roman qu'on la cherche; si les personnages que ton plan nécessite, sont quelquefois contraints à raisonner, que ce soit toujours sans affectation, sans la prétention de le faire, ce n'est jamais l'auteur qui doit moraliser, c'est le personnage, et encore ne le lui permet-on, que quand il y est forcé par les circonstances.

Une fois au dénouement, qu'il soit naturel, jamais contraint, jamais machiné, mais toujours né des circonstances; je n'exige pas de toi, comme les auteurs de l'Encyclopédie, qu'il soit *conforme au désir du lecteur*; quel plaisir lui reste-t-il quand il a tout deviné? le dénouement doit être tel que les évènements le préparent, que la vraisemblance l'exige, que l'imagination l'inspire; et avec ces principes que je charge ton goût et ton esprit d'étendre, si tu ne fais pas bien, au moins feras-tu mieux que nous; car, il faut en convenir, dans les nouvelles que l'on va lire, le vol hardi que nous nous sommes permis de prendre, n'est pas toujours d'accord avec la sévérité des règles de l'art; mais nous espérons que l'extrême vérité des caractères en dédommagera peut-être; la nature plus bizarre que les moralistes ne nous la peignent, s'échappe à tout instant des digues que la politique de ceux-ci voudrait lui prescrire; uniforme dans ses plans, irrégulière dans ses effets, son sein toujours agité, ressemble au foyer d'un volcan d'où s'élancent tour à tour, ou des pierres précieuses servant au luxe des hommes, ou des globes de feu qui les anéantissent; grande, quand elle peuple la terre d'Antonin et de Titus; affreuse, quand elle y vomit des Andronics ou des Nérons; mais toujours sublime, toujours majestueuse, toujours digne de nos études, de nos pinceaux et de notre respectueuse admiration, parce que ces desseins nous sont inconnus, qu'esclaves de ses caprices ou de ses besoins, ce n'est jamais sur ce qu'ils nous font éprouver que nous devons régler nos sentiments pour elle, mais sur sa grandeur, sur son énergie, quels que puissent être les résultats.

À mesure que les esprits se corrompent, à mesure qu'une nation vieillit, en raison de ce que la nature est plus étudiée, mieux analysée, que les préjugés sont mieux détruits, il faut la faire connaître davantage. Cette loi est la même pour les arts; ce n'est qu'en avançant qu'ils se perfectionnent, ils n'arrivent au but que par des essais. Sans doute il ne fallait pas aller si loin dans ces temps affreux de l'ignorance, où courbés sous les fers religieux, on punissait de mort celui qui voulait les apprécier, où les bûchers de l'inquisition devenaient le prix des talents; mais dans notre état actuel, partons toujours de ce principe: quand l'homme a soupesé tous ses freins, lorsque d'un regard audacieux, son œil mesure ses barrières, quand, à l'exemple des Titans, il ose jusqu'au ciel porter sa main hardie, et qu'armé de ses passions, comme ceux-ci l'étaient des laves du Vésuve, il ne craint plus de déclarer la guerre à ceux qui le faisaient frémir autrefois, quand ses *écarts* mêmes ne lui paraissent plus que des *erreurs* légitimées par ses études, ne doit-on pas alors lui parler avec la même énergie qu'il emploie lui-même à se conduire? l'homme du dix-huitième siècle, en un mot, est-il donc celui du onzième?

Terminons par une assurance positive, que les nouvelles que nous donnons aujourd'hui, sont absolument neuves et nullement brodées sur des fonds connus. Cette qualité est peut-être de quelque mérite dans un temps où tout semble être *fait*, où l'imagination épuisée des auteurs paraît ne pouvoir plus rien créer de nouveau, et où l'on n'offre plus au public que des compilations, des extraits ou des traductions.

Cependant la Tour Enchantée, et la Conspiration d'Amboise, ont quelques fondements historiques; on voit, à la sincérité de nos aveux, combien nous sommes loin de vouloir tromper le lecteur; il faut être original dans ce genre, ou ne pas s'en mêler.

Voici ce que dans l'une et l'autre de ces nouvelles, on peut trouver aux sources que nous indiquons.

L'historien arabe *Abul-cæcim-terif-aben-tariq*, écrivain assez peu connu de nos littérateurs du jour, rapporte ce qui suit, à l'occasion de la Tour Enchantée.

«Rodrigue, prince efféminé, attirait à la cour, par principe de volupté, les filles de ses vassaux, et il en abusait. De ce nombre fut Florinde, fille du comte Julien. Il la viola. Son père, qui était en Afrique, reçut cette nouvelle par une lettre allégorique de sa fille; il souleva les Mores, et revint en Espagne à leur tête; Rodrigue ne sait que faire, nul fonds dans ses trésors, aucune place: il va fouiller la Tour Enchantée, près de Tolède, où on lui dit qu'il doit trouver des sommes immenses; il y pénètre, et voit une statue du Temps qui frappe de sa massue, et qui, par une inscription, annonce à Rodrigue toutes les infortunes qui l'attendent; le prince avance et voit une grande cuve d'eau, mais point d'argent; il revient sur ses pas; il fait fermer la tour; un coup de tonnerre emporte cet édifice, il n'en reste plus que des vestiges. Le roi, malgré ces funestes pronostics, assemble une armée, se bat huit jours près de Cordoue, et est tué sans qu'on puisse retrouver son corps.»

Voilà ce que nous a fourni l'histoire; qu'on lise notre ouvrage maintenant, et qu'on voie si la multitude d'événements que nous avons ajoutés à la sécheresse de ce fait, mérite ou non que nous regardions l'anecdote comme nous appartenant en propre[11].

Quant à la Conspiration d'Amboise, qu'on la lise dans Garnier, et l'on verra le peu que nous a prêté l'histoire.

Aucun Guide ne nous a précédé dans les autres nouvelles; fond, narré, épisode, tout est à nous; peut-être n'est-ce pas ce qu'il y a de plus heureux; qu'importe, nous avons toujours cru, et nous ne cesserons d'être persuadé, qu'il vaut mieux inventer, fût-on même faible, que de copier ou de traduire; l'un a la prétention du génie, c'en est une au moins; quelle peut être celle du plagiaire? Je ne connais pas de métier plus bas, je ne conçois pas d'aveux plus humiliant que ceux où de tels hommes sont contraints, en avouant eux-mêmes, qu'il faut bien qu'ils n'aient pas d'esprit, puisqu'ils sont obligés d'emprunter celui des autres.

À l'égard du traducteur, à Dieu ne plaise que nous enlevions son mérite; mais il ne fait valoir que nos rivaux; et ne fût-ce que pour l'honneur de la patrie, ne vaut-il pas mieux dire à ces fiers rivaux, *et nous aussi nous savons créer.*

Je dois enfin répondre au reproche que l'on me fit, quand parut *Aline et Valcourt.* Mes pinceaux, dit-on, sont trop forts, je prête au vice des traits trop odieux; en veut-on savoir la raison? je ne veux pas faire aimer le vice; je n'ai pas, comme Crébillon et comme Dorat, le dangereux projet de faire adorer aux femmes les personnages qui les trompent; je veux, au contraire, qu'elles les détestent; c'est le seul moyen qui puisse les empêcher d'en être dupes; et, pour y réussir, j'ai rendu ceux de mes héros qui suivent la carrière du vice, tellement effroyables, qu'ils n'inspireront bien sûrement ni pitié ni amour; en cela, j'ose le dire, je deviens plus moral que ceux qui se croyent permis de les embellir; les pernicieux ouvrages de ces auteurs ressemblent à ces fruits de l'Amérique qui, sous le plus brillant coloris, portent la mort dans leur sein; cette trahison de la nature, dont il ne nous appartient pas de dévoiler le motif, n'est pas faite pour l'homme; jamais enfin, je le répète, jamais je ne peindrai le crime que sous les couleurs de l'enfer; je veux qu'on le voie à nu, qu'on le craigne, qu'on le déteste, et je ne connais point d'autre façon pour arriver là, que de le montrer avec toute l'horreur qui le caractérise. Malheur à ceux qui l'entourent de roses! leurs vues ne sont pas aussi pures, et je ne les copierai jamais. Qu'on ne m'attribue donc plus, d'après ces systèmes, le roman de J...; jamais je n'ai fait de tels ouvrages, et je n'en ferai sûrement jamais; il n'y a que des imbéciles ou des méchants qui, malgré l'authenticité de mes dénégations, puissent me soupçonner ou m'accuser encore d'en être l'auteur, et le plus souverain mépris sera désormais la seule arme avec laquelle je combattrai leurs calomnies.

[9]Hercule est un nom générique, composé de deux mots celtiques, *Her-Coule*, ce qui veut dire, monsieur le capitaine, *Hercoule* était le nom du général de l'armée, ce qui multiplia infiniment les *Hercoules*; la fable attribua ensuite à un seul, les actions merveilleuses de plusieurs.

(*Voy. hist. des Celtes, par Peloutier.*)

[10]Quelles larmes que celles qu'on verse à la lecture de ce délicieux ouvrage! comme la nature y est peinte, comme l'intérêt s'y soutient, comme il augmente par degrés, que de difficultés vaincues! que de philosophie à avoir fait ressortir tout cet intérêt d'une fille perdue; dirait-on trop en osant assurer que cet ouvrage a des droits au titre de notre meilleur roman? ce fut là où Rousseau vit que malgré des imprudences et des étourderies, une héroïne pouvait prétendre encore à nous attendrir, et peut-être n'eussions-nous jamais eu Julie, sans Manon-Lescaut.

[11]Cette anecdote est celle que commence Brigandos, dans l'épisode du roman d'Aline et Valcourt, ayant pour titre: *Sainville* et *Léonore*, et qu'interrompt la circonstance du cadavre trouvé dans la tour; les contrefacteurs de cet épisode, en le copiant mot pour mot, n'ont pas manqué de copier aussi les quatre premières lignes de cette anecdote, qui se trouvent dans la bouche du chef des Bohémiens. Il est donc aussi essentiel pour nous, dans ce moment-ci, que pour ceux qui achètent des romans, de prévenir que l'ouvrage qui se vend chez Pigoreau et Leroux sous le titre de *Valmor* et *Lidia*, et chez Cérioux et Moutardier, sous celui d'*Alzonde* et *Koradin*, ne sont absolument que la même chose, et tous les deux littéralement pillés phrase pour phrase de l'épisode

de *Sainville* et *Léonore,* formant à peu près trois volumes de mon roman d'Aline et Valcourt.

L'AUTEUR

DES

CRIMES DE L'AMOUR

À VILLETERQUE

FOLLICULAIRE[12]

Je suis convaincu il y a bien longtemps que les injures dictées par l'envie, ou par quelque autre motif plus vif encore, parvenant ensuite à nous par le souffle empesté d'un folliculaire, ne doivent pas affecter davantage un homme de lettres, que ne l'est des aboiements du mâtin de basse-cour, le voyageur paisible et raisonnable. Plein de mépris en conséquence pour l'impertinente diatribe du folliculaire Villeterque, je ne prendrais assurément pas la peine d'y répondre, si je ne voulais mettre le public en garde contre les perpétuelles diffamations de ces messieurs.

Par le sot compte que Villeterque rend des *Crimes de l'Amour*, il est clair qu'il ne les a pas lus; s'il les connaissait, il ne me ferait pas dire ce à quoi je n'ai jamais pensé; il n'isolerait pas des phrases qu'on lui a dictées sans doute, pour, en les tronquant à sa guise, leur donner ensuite un sens qu'elles n'eurent jamais.

Cependant, sans l'avoir lu (je viens de le prouver) Villeterque débute par traiter mon ouvrage de DÉTESTABLE et par assurer CHARITABLEMENT *que cet ouvrage DÉTESTABLE, vient d'un homme soupçonné d'en avoir fait un plus HORRIBLE encore.*

Ici, je somme Villeterque de deux choses auxquelles il ne peut se refuser: 1° de publier, non des phrases isolées, tronquées, défigurées, mais des traits entiers qui prouvent que mon livre mérite la qualification de DÉTESTABLE, tandis que ceux qui l'ont lu, conviennent, au contraire, que la morale la plus épurée en forme la base principale; ensuite, je le somme de PROUVER que je suis l'auteur de ce livre plus HORRIBLE encore. Il n'y a qu'un calomniateur qui jette ainsi, sans aucune preuve, des soupçons sur la probité d'un individu. L'homme véritablement honnête prouve, nomme et ne soupçonne pas. Or, Villeterque dénonce sans prouver; il fait planer sur ma tête un affreux soupçon sans l'éclaircir, sans le constater; Villeterque est donc un calomniateur; donc Villeterque ne rougit pas de se montrer comme un calomniateur, même avant que de commencer sa diatribe.

Quoi qu'il en soit, j'ai dit et affirme que je n'avais point fait de *livres immoraux*, que je n'en ferai jamais; je le répète encore ici, et non pas au folliculaire Villeterque, j'aurais l'air d'être jaloux de son opinion, mais au public dont je respecte le jugement autant que je méprise celui de Villeterque[13].

Après cette première gentillesse, l'écrivassier entre en matière; suivons-le suivre Villeterque sans dégoût: il en fait éprouver pour ses opinions, il en fait naître pour ses écrits, ou plutôt pour ses plagiats, il en inspire... N'importe, un peu de courage.

Dans mon *Idée sur les Romans*, le très-ignare Villeterque assure qu'avec une *apparente érudition*, je tombe dans une infinité d'erreurs. Ne serait-ce pas encore ici le cas de prouver? Mais il faudrait avoir soi-même un peu d'*érudition* pour relever des erreurs en *érudition*, et Villeterque, qui va bientôt prouver qu'il n'a même pas connaissance des livres scholastiques, est bien loin de l'*érudition* qu'il faudrait pour prouver mes erreurs. Aussi se contente-t-il de dire que j'en commets, sans oser les relever. Certes, il n'est pas difficile de critiquer ainsi; je ne m'étonne plus s'il y a tant de critiques et si peu de bons ouvrages; et voilà pourquoi la plupart de ces journaux de littérature, à commencer par celui de Villeterque, ne seraient nullement connus, si leurs rédacteurs ne les glissaient dans les poches comme ces adresses de charlatans lancées dans les rues.

Mes erreurs bien établies, bien démontrées, comme on le voit, sur la parole du savant Villeterque qui n'ose pourtant en citer une, l'aimable folliculaire passe à mes principes, et c'est ici où il est profond: c'est ici où Villeterque tonne, foudroie: on ne tient point à la finesse, à la sagacité de ses raisonnements; ce sont des éclairs, c'est de la foudre; malheur à qui n'est pas convaincu, dès qu'Aliboron-Villeterque a parlé!

Oui, docte et profond *Vile stercus*, j'ai dit et je dis encore que l'étude des grands maîtres m'avait prouvé que ce n'était pas toujours en faisant triompher la vertu qu'on pouvait prétendre à l'intérêt dans un roman ou dans une tragédie; que cette règle ni dans la nature, ni dans Aristote, ni dans aucune de nos poétiques, est seulement celle à laquelle il faudrait que tous les hommes s'assujettissent pour leur bonheur commun, sans être absolument essentielle dans un ouvrage dramatique de quelque genre qu'il soit; mais ce ne sont point mes principes que je donne ici; je n'invente rien, qu'on me lise, et l'on verra que, non-seulement ce que je rapporte en cet endroit de mon discours n'est que le résultat de l'effet produit par l'étude des grands maîtres, mais que je ne me suis même pas assujetti à cette maxime, telle bonne, telle sage que je la croie. Car enfin, quels sont les deux principaux ressorts de l'art dramatique? Tous les bons auteurs ne nous ont-ils pas dit que c'était la *terreur* et la *pitié*. Or, d'où peut naître la *terreur*, si ce n'est des tableaux du crime triomphant, et d'où naît la *pitié*, si ce n'est de ceux de la vertu malheureuse? Il faut donc ou renoncer à l'intérêt ou se soumettre à ces principes. Que Villeterque n'ait pas assez lu pour être persuadé de la bonté de ces bases, rien de plus simple. Il est inutile de connaître les règles d'un art quand on s'en tient à faire des *Veillées* qui *endorment*, ou à copier de petits contes dans les *Mille et une Nuits*, pour les donner ensuite *orgueilleusement* sous son nom. Mais si le plagiaire Villeterque ignore ces principes, parce qu'il ignore à peu près tout, du moins il ne les conteste pas; et quand, pour prix de son journal, il a escroqué quelques billets de comédie, et que, placé au rang des *gratis*, on lui donne, pour sa mauvaise monnaie, la représentation des chefs-d'œuvre de Racine et de Voltaire, qu'il apprenne donc là, en voyant *Mahomet*, par exemple, que Palmire et Séide périssent l'un et l'autre innocents et vertueux, tandis que Mahomet triomphe; qu'il se convainque à *Britannicus* que ce jeune prince et sa maîtresse meurent vertueux et innocents pendant que Néron règne; qu'il voie la même chose dans *Polyeucte*, dans *Phèdre*, etc. etc.; qu'en ouvrant Richardson, lorsqu'il est de retour chez lui, il voie à quel degré ce célèbre Anglais intéresse en rendant la vertu malheureuse; voilà des vérités dont je voudrais que Villeterque se convainquît, et s'il pouvait l'être, il blâmerait moins *bilieusement*, moins *arrogamment*, moins *sottement* enfin, ceux qui les mettent en pratique, à l'exemple de nos plus grands maîtres. Mais c'est que Villeterque, qui n'est pas un grand maître, ne connaît pas les ouvrages des grands maîtres; c'est qu'aussitôt qu'on arrache la cognée du bilieux

Villeterque, le cher homme ne sait plus où il en est. Écoutons néanmoins cet *original*, quand il parle de l'usage que je fais des principes; oh! c'est ici que le *pédant* est bon à entendre.

Je dis que pour intéresser, il faut quelquefois que le vice offense la vertu; je dis que c'est un moyen sûr de prétendre à l'intérêt, et sur cet axiome, Villeterque attaque ma moralité. *En vérité, en vérité,* je vous le dis, Villeterque, mais vous êtes aussi *bête* en jugeant les hommes qu'en prononçant sur leurs ouvrages. Ce que j'établis ici est peut-être le plus bel éloge qu'il soit possible de faire de la vertu, et en effet, si elle n'était pas aussi belle, pleurerait-on ses infortunes? si moi-même je ne la croyais pas l'idole la plus respectable des hommes, dirais-je aux auteurs dramatiques: Quand vous voudrez inspirer la pitié, osez attaquer un instant ce que le ciel et la terre ont de plus beau, et vous verrez de quelle amertume sont les larmes produites par ce sacrilège? Je fais donc l'éloge de la vertu quand Villeterque m'accuse de rébellion à son culte; mais Villeterque, qui n'est pas vertueux sans doute, ne sait pas comment on adore la vertu. Aux seuls sectateurs d'une divinité appartient l'accès de son temple, et Villeterque qui n'a peut-être ni divinité ni culte, ne connaît pas un mot de tout cela; mais quand la page d'ensuite, Villeterque assure que penser comme nos grands maîtres, qu'honorer comme eux la vertu, devient une preuve indubitable que je suis l'auteur du livre où elle est le plus humiliée, on avouera que c'est là où la logique de Villeterque éclate dans tout son jour. Je prouve que sans mettre en action la vertu, il est impossible de faire un bon ouvrage dramatique; je l'élève, puisque je pense et que je dis que l'indignation, la colère, les larmes doivent être le résultat des insultes qu'elle reçoit ou des malheurs qu'elle éprouve, et de là, selon Villeterque, il s'ensuit que je suis l'auteur du livre exécrable où l'on voit précisément tout le contraire des principes que je professe et que j'établis! Oui, certes, tout le contraire; car l'auteur du livre dont il s'agit ne semble prêter au vice de l'empire sur la vertu que par méchanceté... que par libertinage; dessein perfide duquel sans doute il n'a pas cru devoir retirer aucun intérêt dramatique, tandis que les modèles que je cite ont toujours pris une marche contraire et que moi, tant que ma faiblesse m'a permis de suivre ces maîtres, je n'ai montré le vice dans mes ouvrages que sous les couleurs les plus capables de le faire à jamais détester, et que, si parfois je lui ai laissé quelque succès sur la vertu, ce n'a jamais été que pour rendre celle-ci plus intéressante et plus belle. En agissant par des voies opposées à celles de l'auteur du livre en question, je n'ai donc pas consacré les principes de cet auteur;

en abhorrant ces principes et m'en éloignant dans mes ouvrages, je n'ai donc pas pu les adopter; et l'inconséquent Villeterque, qui imagine prouver mes torts, précisément par ce qui m'en disculpe, n'est donc plus qu'un lâche *calomniateur* qu'il est important de démasquer.

Mais à quoi servent ces tableaux du crime triomphant? dit le folliculaire. Ils servent, Villeterque, à mettre les tableaux contraires dans un plus beau jour, et c'est assez prouver leur utilité. Au surplus, où le crime triomphe-t-il dans ces nouvelles que vous attaquez avec autant de *bêtise* que d'*impudence*? Qu'on m'en permette une très-courte analyse seulement, pour prouver au public que Villeterque ne sait ce qu'il dit quand il prétend que je donne dans ces nouvelles le plus grand ascendant au vice sur la vertu.

Où la vertu se trouve-t-elle mieux récompensée que dans *Juliette et Raunai*?

Si elle est malheureuse dans la *Double Épreuve*, y voit-on le crime triompher? Assurément non, puisqu'il n'y a pas un seul personnage criminel dans cette nouvelle toute sentimentale.

La vertu, comme dans *Clarisse*, succombe, j'en conviens, dans *Henriette Stralsond*; mais le crime n'y est-il pas puni par la main même de la vertu?

Dans *Faxelange*, ne l'est-il pas plus rigoureusement encore, et la vertu n'est-elle pas délivrée de ses fers?

Le fatalisme de *Florville de Courval* laisse-t-il triompher le crime? Tous ceux qui s'y commettent involontairement, ne sont que les effets de ce fatalisme dont les Grecs armaient la main de leurs dieux; ne voyons-nous pas tous les jours les mêmes évènements dans les malheurs d'*Œdipe* et de sa famille?

Où le crime est-il plus malheureux et mieux puni que dans *Rodrigue*?

Le plus doux hymen ne couronne-t-il point la vertu dans *Laurence et Antonio*, et le crime n'y succombe-t-il pas?

Dans *Ernestine*, n'est-ce pas de la main du vertueux père de cette infortunée qu'Oxtiern est puni?

N'est-ce pas sur un échafaud que monte le crime, dans *Dorgeville*?

Les remords qui conduisent *la Comtesse de Sancerre* au tombeau, ne vengent-ils pas la vertu qu'elle outrage?

Dans *Eugène de Franval*, enfin, le monstre que j'ai peint ne se perce-t-il pas lui-même.

Villeterque... folliculaire Villeterque, où donc le crime triomphe-t-il dans mes nouvelles? Ah! si je vois quelque chose triompher ici, ce n'est en vérité que ton ignorance et ton lâche désir de diffamation.

À présent, je demande à mon *méprisable censeur* de quel front il ose appeler un tel ouvrage *une complication d'atrocités révoltantes*, quand aucun des reproches qu'il lui prête ne se trouve fondé? Et cela prouvé, que résulte-t-il du jugement porté par cet inepte *phraseur*? de la satire sans esprit, de la critique sans discernement et du fiel sans aucun motif; et tout cela parce que Villeterque est un sot, et que d'un sot il n'émana jamais que des sottises. Je suis en contradiction avec moi-même, ajoute le *pédagogue* Villeterque, quand je fais parler un de mes héros d'une manière opposée à celle dont j'ai parlé dans ma préface. Mais, détestable ignorant, apprends donc que chaque acteur d'un ouvrage dramatique doit y parler le langage établi par le caractère qu'il porte; qu'alors c'est le personnage qui parle et non l'auteur, et qu'il est on ne saurait plus simple dans ce cas que ce personnage, absolument inspiré par son rôle, dise des choses totalement contraires à ce que dit l'auteur quand c'est lui-même qui parle. Certes, quel homme eût été Crébillon s'il eût toujours parlé comme Artée; quel individu que Racine, s'il eût pensé comme Néron; quel monstre que Richardson, s'il n'eût eu d'autres principes que ceux de Lovelace! Oh! monsieur Villeterque, que vous êtes bête; voilà, par exemple, une vérité sur laquelle les personnages de mes romans et moi, nous nous entendrons toujours, quand il nous arrivera soit aux uns, soit aux autres, de nous entretenir de votre fastidieuse existence. Mais quelle faiblesse de ma part! dois-je donc employer des raisons où il ne faut que du mépris? Et en effet, que mérite de plus un lourdaud qui ose dire à celui qui partout a puni le vice: *Montrez-moi des scélérats heureux, c'est ce qu'il faut au perfectionnement de l'art; l'auteur des* Crimes de l'Amour *vous le prouve!* Non, Villeterque, je n'ai ni dit ni prouvé cela; et pour en convaincre, j'en appelle de ta bêtise au public éclairé; j'ai dit tout le contraire, Villeterque, et c'est le contraire qui sert de base à mes ouvrages.

Une belle invocation termine enfin la basse diatribe de notre barbouilleur:

«Rousseau, Voltaire, Marmontel, Fielding, Richardson, vous n'avez pas fait de romans (s'écrie-t-il): vous avez peint des *mœurs*, il fallait peindre des *crimes*!» comme si les crimes ne faisaient pas partie des mœurs, et comme s'il n'y avait pas des *mœurs criminelles* et des *mœurs vertueuses*. Mais ceci est trop fort pour Villeterque, il n'en sait pas tant.

Au reste, était-ce à moi que devaient s'adresser de tels reproches, moi qui, plein de respect pour ceux que nomme Villeterque, n'ai cessé de les exalter dans mon *Esquisse sur les romans*; et d'ailleurs ces mortels per pétuellement loués par moi, et que cite ici Villeterque, n'ont-ils aussi présenté des crimes? Est-ce une fille bien vertueuse que la *julie* de Rousseau? Est-ce un homme bien moral que le héros de *Clarisse*? Y a-t-il beaucoup de vertu dans *Zadig* et dans *Candide*, etc., etc.? Oh! Villeterque, j'ai dit quelque part que quand on voulait écrire sans aucun talent pour ce métier, il valait beaucoup mieux faire des escarpins ou des bottes, je ne savais pas alors que ce conseil s'adresserait à vous; suivez-le, mon ami, suivez-le, vous serez peut-être un cordonnier passable, mais à coup sûr vous ne serez jamais qu'un triste écrivain. Eh! console-toi, Villeterque, on lira toujours Rousseau, Voltaire, Marmontel, Fielding et Richardson; tes stupides plaisanteries sur cela ne prouveront à qui que ce soit que j'ai dénigré ces grands hommes, quand je ne cesse au contraire de les offrir pour modèles; mais ce qu'on ne lira sûrement jamais, Villeterque, ce sera vous, premièrement parce qu'il n'existe rien de vous qui puisse vous survivre, et qu'à supposer même que l'on rencontrât quelques-uns de vos vols littéraires, on aimera mieux les lire dans l'original, où ils s'offrent dans toute leur pureté, que souillés par une plume aussi grossière que la vôtre.

Villeterque, vous avez déraisonné, menti, vous avez entassé des bêtises sur des calomnies, des inepties sur des impostures, et tout cela pour venger des auteurs *à la glace*, au rang desquels vos ennuyeuses compilations vous placent à si juste titre[14]; je vous ai donné une leçon et suis prêt à vous en donner de nouvelles, s'il vous arrive encore de m'insulter.

D. A. F. Sade.

[12]On appelle journaliste un homme instruit, un homme en état de raisonner sur un ouvrage, de l'analyser et d'en rendre au public un compte éclairé, qui le lui fasse connaître; mais celui qui n'a ni l'esprit, ni le jugement nécessaire à cette honorable fonction, celui qui compile, imprime, diffame, ment, calomnie, déraisonne, et tout cela pour vivre, celui-là, dis-je, n'est qu'un *folliculaire*; et cet homme, c'est *Villeterque*. (*Voy.* sa feuille du 30 vendémiaire an IX n° 90.)

[13]C'est ce même mépris qui me fit garder le silence sur l'imbécile rapsodie diffamatoire d'un nommé *Despaze*, qui prétendait aussi que j'étais l'auteur de ce livre infâme que pour l'intérêt même des mœurs on ne doit jamais nommer. Sachant que ce polisson n'était qu'un chevalier d'industrie, vomi par la Garonne pour venir stupidement dénigrer à Paris des arts dont il n'avait pas la moindre idée, des ouvrages qu'il n'avait jamais lus et d'honnêtes gens qui auraient dû se réunir pour le faire mourir sous le bâton; parfaitement instruit que cet homme obscur, ce bélitre, n'avait durement forgé quelques détestables vers que dans cette perfide intention, des effets de laquelle le mendiant attendait un morceau de pain, je m'étais décidé à le laisser honteusement languir dans l'humiliation et l'opprobre où le plongeait incessamment son barbouillage, craignant de souiller mes idées en les laissant errer, même une minute, sur un être aussi dégoûtant. Mais comme ces messieurs ont imité les ânes qui braient tous à la fois, quand ils ont faim, il a bien fallu, pour les faire taire, frapper sur tous indistinctement. Voilà ce qui me contraint à les tirer un instant, par les oreilles, du bourbier où ils périssaient, pour que le public les reconnaisse au sceau de l'ignominie dont se couvre leur front; et ce service rendu à l'humanité, je les replonge d'un coup de pied l'un et l'autre au fond de l'égoût infect où leur bassesse et leur avilissement les feront croupir à jamais.

[14]On ne connaît, Dieu merci! de ce gribouilleur, que des *Veillées* qu'il appelle *philosophiques*, quoiqu'elles ne soient que *soporifiques*; ramassis dégoûtant, monotone, ennuyeux, où le pédagogue, toujours sur des échasses, voudrait bien qu'aussi bêtes que lui, nous consentissions à prendre son bavardage pour de l'élégance, son style ampoulé pour de

l'esprit, et ses plagiats pour de l'imagination; mais malheureusement, on ne trouve en le lisant que des platitudes quand il est lui-même, et du mauvais goût quand il pille les autres.

LE MARQUIS DE SADE

I

L'HOMME.

Ce n'est pas sans répugnance que nous abordons les questions relatives à un homme dont le nom est frappé d'une réprobation légitime; mais lorsqu'on se dévoue à des études d'histoire littéraire et de bibliographie, il faut savoir remuer courageusement bien des immondices dans le but de rétablir la vérité.

De nombreuses erreurs ont été émises au sujet de Sade. L'article que lui a consacré la *Biographie universelle* (il est de M. Michaud jeune) est loin d'en être exempt; celui qui renferme la *Biographie générale* (tome XLII) signé J. M.-r.-i., laisse aussi à redire; tous deux sont bien incomplets.

Nous ne nous arrêterons pas à une note de Jules Janin insérée dans la *Revue de Paris* en 1834 et reproduite dans les *Catacombes* du même auteur, 6 volumes in-8°. Ce n'est qu'une improvisation brillante où la vérité historique est peu respectée.

Pour ce qui concerne la première période de la vie de Sade, il faut consulter un opuscule de M. Paul Lacroix: *la Vérité sur les deux procès criminels du marquis de Sade.* Cette notice a été publiée en 1834, dans une collection de dissertations historiques tirée à fort peu d'exemplaires; elle a reparu dans les *Curiosités de l'histoire de France*, du même auteur (Paris, in-18).

Il y a deux phases bien marquées dans cette existence: l'une appartient à l'histoire des mœurs de l'époque, l'autre à celle des plus affreuses maladies de l'âme: la seconde est la conséquence de la première.

Sade fut d'abord un libertin comme il y en avait tant d'autres; il n'était pas plus corrompu que certains de ses contemporains parmi lesquels on peut nommer Sénac de Meilhan, auteur du poème en six chants dont on ne saurait même transcrire le titre; Tilly, roué, digne émule des plus effrontés coryphées de l'époque de la Régence[15]; Laclos, auteur d'un livre resté célèbre, *les Liaisons dangereuses*[16]. Se blasant sur la débauche, Sade imagina des raffinements cruels qui attirèrent justement sur lui l'animadversion publique et les rigueurs de l'autorité; enfermé dans des prisons d'état, il voulut se distraire en écrivant des ouvrages orduriers; Mirabeau, dans une pareille situation, tomba dans de pareils écarts; mais le fougueux tribun, devenant libre, se précipita avec le plus grand éclat dans les agitations de la politique, tandis que Sade, restant sous les verrous, fut saisi d'une véritable aliénation causée par le désespoir; sa tête s'échauffant de plus en plus au milieu d'une longue oisiveté, il fut en proie à une monomanie qui le jeta dans un abîme où il aurait voulu entraîner le genre humain. En s'efforçant de répandre la corruption la plus infecte, il se regardait comme usant de représailles contre la société.

M. Lacroix explique fort bien les deux affaires scandaleuses qui commencèrent à jeter sur Sade une horrible renommée. Les *Mémoires de Bachaumont* ont raconté son aventure avec une femme de mauvaise vie qu'il attira chez lui et sur laquelle il exerça des sévices barbares; cent louis qu'il compta à cette malheureuse et six semaines de détention au château de Pierre Encise, l'ayant tiré d'affaire, il continua ses débordements. Cette fameuse aventure de Rose Keller (8 mars 1768) est racontée par Restif de la Bretonne dans ses *Nuits de Paris* (194e nuit) mais d'une manière qui atténue la gravité des faits, et M. Paul Lacroix qui analyse le récit de Restif (*Bibliographie et Iconographie* des écrits de Restif, 1875, *Paris* A. Fontaine, 1875, page 418) dit qu'on serait tenté de croire que cette pauvre femme fut simplement victime d'une indécente et cruelle mystification.—Les écrits du temps racontent qu'en 1771, il donna, à Marseille, un bal où il invita un grand nombre de personnes; il glissa dans les bonbons distribués à celles qui assistaient à cette fête, des pastilles de chocolat où il avait fait mêler des mouches cantharides. Tout le monde connaît l'effet de ce redoutable aphrodisiaque; le bal devint une effroyable orgie, plusieurs personnes moururent, et le parlement d'Aix condamna à mort (11 septembre 1772) l'auteur de cet empoisonnement, et un valet de chambre son complice. Mais M. Lacroix rétablit l'exactitude des faits, grossis par la rumeur publique; il s'agissait d'une orgie à laquelle Sade s'était livré dans un mauvais lieu, et où il avait distribué des aphrodisiaques. Restif de la Bretonne

(284e nuit les *Passetemps* du ***, de S***) raconte cette histoire mais en la transportant à Paris.

Il enleva sa belle-sœur et passa avec elle en Italie où elle mourut. Revenu en France, il fut, à la demande de sa famille, que désolaient les scandales qu'il donnait sans cesse, enfermé à la Bastille. Le 14 juillet 1789 le rendit à la liberté; il traversa l'époque de la Terreur en affichant les opinions en vogue, et il aurait pu vivre tranquille s'il n'avait audacieusement publié les ouvrages qui ont voué son nom à l'infamie. Le Directoire, fort indulgent à l'endroit des attaques dirigées contre la morale, ferma les yeux; mais un gouvernement plus ferme ne voulut pas laisser à un maniaque dangereux, une liberté dont il abusait effrontément.

La *Revue rétrospective*, publiée par M. J. Taschereau, renferme, au sujet de la détention de Sade, quelques documents administratifs importants, et qui méritent d'être lus. Le rapport du préfet de police, celui du directeur de l'hospice de Charenton, sont des pièces essentielles dans un pareil dossier.

Rapport du Conseiller d'État, Préfet de police, à Son Excellence le Sénateur, ministre de la police générale, le 21 fructidor an XII.

«Son Excellence, par sa note du 6 de ce mois, me demande un rapport sur le nommé Sade, détenu à Charenton.

«Dans les premiers jours de ventôse an IX, j'avais été informé que le nommé Sade, ex-marquis, connu pour être l'auteur de l'infâme roman de *Justine*, se proposait de publier bientôt un ouvrage plus affreux encore, sous le titre de *Juliette*. Je le fis arrêter le 15 du même mois, chez le libraire éditeur de son ouvrage, où je savais qu'il devait se trouver muni de son manuscrit.

«L'auteur et l'éditeur furent amenés à ma préfecture. La saisie du manuscrit était importante, mais l'ouvrage était imprimé, et il s'agissait de découvrir l'édition. La liberté fut promise à l'éditeur s'il livrait les exemplaires imprimés.

«Celui-ci conduisit nos agents dans un lieu inhabité que lui seul connaissait, et ils en enlevèrent une quantité assez considérable d'exemplaires pour que l'on pût croire que c'était l'édition entière.

«Sade, dans son interrogatoire, reconnut le manuscrit, mais il déclara qu'il n'était que le copiste et non l'auteur. Il convint même qu'il avait été payé pour le copier, mais il ne put faire connaître les personnes de qui il tenait les originaux.

«Il eut été difficile de croire qu'un homme qui jouissait d'une fortune considérable eût pu devenir copiste d'ouvrages aussi affreux moyennant un salaire. On ne pouvait douter qu'il n'en fût l'auteur, lui dont le cabinet était tapissé de grands tableaux représentant les principales obscénités du roman de *Justine*.

«Le 23 ventôse, j'eus l'honneur de rendre compte de toute l'opération à Son Excellence le ministre de la police générale et de lui demander quelle marche j'avais à suivre pour parvenir à la punition d'un homme aussi profondément pervers. Après diverses conférences que j'eus avec Son Excellence, desquelles il résulta qu'une poursuite judiciaire causerait un éclat scandaleux qui ne serait point racheté par une punition assez exemplaire, je le fis déposer à Sainte-Pélagie, le 12 germinal de la même année, pour le punir administrativement.

«Au mois de floréal suivant, Son Excellence le ministre de la justice me demanda les pièces relatives à cette affaire pour aviser, m'écrivait-il, aux moyens qu'il serait convenable de prendre, et en référer aux consuls, s'il y avait lieu.

«J'eus l'honneur de rendre compte à Son Excellence, qui connaissait déjà tous les délits que Sade avait commis avant la Révolution, et, convaincu que les peines qui pourraient lui être appliquées par un tribunal seraient insuffisantes et nullement proportionnées à son délit, il fut d'avis qu'il fallait l'oublier pour longtemps dans la maison de Sainte-Pélagie.

«Sade y serait encore, s'il n'eût pas employé tous les moyens que lui suggéra son imagination dépravée pour séduire et corrompre les jeunes gens que de malheureuses circonstances faisaient enfermer à Sainte-Pélagie, et que le hasard faisait placer dans le même corridor que lui.

«Les plaintes qui me parvinrent alors me forcèrent à le faire transférer à Bicêtre.

«Cet homme incorrigible était dans un état perpétuel de démence libertine. À la sollicitation de sa famille, j'ordonnai qu'il serait transféré à Charenton, et son transfèrement eut lieu le 7 floréal, an XI.

«Depuis qu'il est dans cette maison, il s'y montre continuellement en opposition avec le directeur, et il justifie, par sa conduite, toutes les plaintes que peut donner son caractère ennemi de toute soumission.

«J'estime qu'il y a lieu de le laisser à Charenton où sa famille paye sa pension et où, pour son honneur, elle désire qu'il reste.

«Le Conseiller d'État, préfet de police.»

À la marge est écrit:

«*Approuvé*, DUBOIS.»

«Paris, 2 août, 1808.

Le médecin en chef de l'hospice de Charenton à Son Excellence le sénateur ministre de la police générale.

«Monseigneur,

«J'ai l'honneur de recourir à l'autorité de Votre Excellence pour un objet qui intéresse essentiellement mes fonctions ainsi que le bon ordre de la maison dont le service médical m'est confié.

«Il existe à Charenton un homme que son audacieuse immoralité a malheureusement rendu trop célèbre et dont la présence dans cet hospice entraîne les inconvénients les plus graves: je veux parler de l'auteur de l'infâme roman de *Justine*. Cet homme n'est point aliéné. Son seul délire est celui du vice, et ce n'est point dans une maison consacrée au traitement médical de l'aliénation que cette espèce de délire peut être réprimée. Il faut que l'individu qui en est atteint soit soumis à la séquestration la plus sévère, soit pour mettre les autres à l'abri de ses fureurs, soit pour l'isoler lui-même de tous les objets qui pourraient entretenir et exalter sa hideuse passion. Or, la maison de Charenton, dans le cas dont il s'agit, ne remplit ni l'une ni l'autre de ces deux conditions. M. de Sade y jouit d'une liberté beaucoup trop grande. Il peut communiquer avec un assez grand nombre de personnes des deux sexes encore malades ou à peine convalescentes, les recevoir chez lui ou aller les visiter dans leurs chambres respectives. Il a la faculté de se promener dans le parc et il y rencontre souvent des malades auxquels on accorde la même faveur. Il prêche son horrible doctrine à quelques-uns, il prête des livres à d'autres; enfin, le bruit général dans la maison est qu'il est avec une femme qui passe pour sa fille.

«Ce n'est pas tout encore. On a eu l'imprudence de former un théâtre dans cette maison, sous prétexte de faire jouer la comédie par les aliénés, et sans réfléchir aux funestes effets qu'un appareil aussi tumultueux devait nécessairement produire sur leur imagination. M. de Sade est le directeur de ce théâtre. C'est lui qui indique les pièces, distribue les rôles et préside aux répétitions. Il est le maître de déclamation des acteurs et des actrices et il les forme au grand art de la scène. Le jour des représentations publiques, il a toujours un certain nombre de billets d'entrée à sa disposition et, placé au milieu des assistants, il fait en partie les honneurs de la salle. Il est en même temps auteur dans les grandes occasions; à la fête du directeur, par exemple, il a toujours soin de composer ou une pièce allégorique en son honneur ou au moins quelques couplets à sa louange.

«Il n'est pas nécessaire de faire sentir à Votre Excellence le scandale d'une pareille existence, et de lui représenter les dangers de toute espèce qui y sont attachés. Si ces détails étaient connus du public, quelle idée se formerait-on d'un établissement où l'on tolère d'aussi étranges abus? Comment veut-on que la partie morale du traitement de l'aliénation puisse se concilier avec eux? Les malades qui sont en communication journalière avec cet homme abominable ne reçoivent-ils pas sans cesse l'impression de sa profonde corruption, et la seule idée de sa présence dans la maison n'est-elle pas suffisante pour ébranler l'imagination de ceux mêmes qui ne le voient pas?

«J'espère que Votre Excellence trouvera ces motifs assez puissants pour ordonner qu'il soit assigné à M. de Sade un autre lieu de réclusion que l'hospice de Charenton. En vain renouvellerait-elle la défense de le laisser communiquer en aucune manière avec les personnes de la maison; cette défense ne serait pas mieux exécutée que par le passé, et les mêmes abus auraient toujours lieu. Je ne demande point qu'on le renvoie à Bicêtre, où il avait été précédemment placé, mais je ne puis m'empêcher de représenter à Votre Excellence qu'une maison de santé ou un château-fort pour lui, conviendrait beaucoup mieux qu'un établissement consacré au traitement des malades qui exige la surveillance la plus assidue et les précautions morales les plus délicates.

«Royer-Collard, d. m.»

Des dames s'intéressaient d'ailleurs à Sade, ainsi que le constate un document curieux que nous reproduisons également d'après la *Revue rétrospective*:

«Madame Delphine de T... a l'honneur d'envoyer à Son Excellence Monsieur Fouché les pétitions dont elle a eu l'honneur de lui parler ce matin.

«La première pour M. de Sade, afin qu'il veuille bien donner les ordres les plus prompts afin que M. de Sade reste indéfiniment à Charenton, où il est depuis huit ans, où il reçoit les soins que sa santé exige; ses supérieurs sont parfaitement contents de sa conduite.

«Madame de T... joint à sa pétition, un certificat de médecin qui prouve que l'état de M. de Sade demande qu'il reste à Charenton.

«Elle a l'honneur de remercier de nouveau Son Excellence d'avoir bien voulu la recevoir ce matin. Chaque fois qu'elle a l'honneur de la revoir, elle a une raison de plus d'ajouter à sa reconnaissance.»

Malgré les demandes du docteur Royer-Collard, Sade demeura à Charenton, protégé par le directeur de cette maison, l'abbé Culmier, qui, d'après la *Biographie universelle*, était un homme d'une morale fort relâchée. Les spectacles furent interdits, mais bientôt on les remplaça par des bals et des concerts où les mêmes abus se reproduisirent. Royer-Collard renouvela ses observations, ses efforts, et le ministre interdit ces nouveaux et dangereux divertissements, par un arrêté du 6 mai 1813.

La *Revue rétrospective* nous fournit encore un curieux passage d'une lettre jusqu'alors inédite, adressée par Mirabeau à M. Boucher, premier commis de la police. Elle est de l'époque où il était détenu à Vincennes:

«M. de Sade a mis hier en combustion le donjon et m'a fait l'honneur, en se nommant et sans la moindre provocation de ma part, comme vous croyez bien, de me dire les plus infâmes horreurs. J'étais, disait-il moins décemment, le favori de M. de Rougemont (*le gouverneur du château*), et c'était pour me donner la promenade qu'on la lui ôtait; enfin, il m'a demandé mon nom afin d'avoir le plaisir de me couper les oreilles à sa liberté. La patience m'a échappé et je lui ai dit: Mon nom est celui d'un homme d'honneur qui n'a jamais disséqué ni emprisonné de femmes, qui vous l'écrira sur le dos à coups de canne, si vous n'êtes roué auparavant, et qui n'a de crainte que d'être mis par vous en deuil sur la Grève[17]. Il s'est tu et n'a pas osé ouvrir la bouche depuis. Si vous me grondez, vous me gronderez: mais, pardieu! il est aisé de patienter de loin et assez triste d'habiter la même maison qu'un tel monstre habite.»

Voici maintenant, toujours d'après la *Revue* que nous citons, une lettre dans laquelle Sade, après l'arrestation que signale le rapport du préfet de police, réclame sa liberté:

«*Sade, homme de lettres, au ministre de la justice.*

«Pélagie, ce 30 floréal an x.

«Citoyen ministre,

«L'innocence persécutée n'a que vous pour appui. Chef suprême de la magistrature française, c'est à vous seul qu'il appartient de faire exécuter les lois et d'écarter loin d'elles l'arbitraire odieux qui les mine et les atténue.

«On m'accuse d'être l'auteur du livre infâme de *Justine*; l'accusation est fausse, je vous le jure, au nom de tout ce que j'ai de plus sacré.

«Massé, imprimeur et éditeur de l'ouvrage, pris sur le fait, est d'abord arrêté et enfermé avec moi, puis relâché pendant qu'on continue de me détenir; il est libre, lui qui a imprimé, qui a vendu, qui vend encore, et moi je gémis... Je gémis depuis quinze mois dans la plus affreuse prison de Paris, tandis que, d'après la loi, on ne peut retenir plus de dix jours un prévenu sans le juger. Je demande à l'être. Je suis l'auteur ou non du livre qu'on m'impute. Si l'on peut me con vaincre, je veux subir mon jugement; dans le cas contraire, je veux être libre.

«Quelle est donc cette arbitraire partialité qui brise les fers du coupable et qui en écrase l'innocent? Est-ce pour arriver là que nous venons de sacrifier pendant douze ans nos vies et nos fortunes?

«Ces atrocités sont incompatibles avec les vertus que la France admire en vous. Je vous supplie de ne pas permettre que j'en sois plus longtemps la victime.

«Je veux, en un mot, être *libre* ou *jugé*. J'ai le droit de parler ainsi; mes malheurs et les lois me le donnent, et j'ai lieu de tout espérer quand c'est à vous que je m'adresse.

«Salut et respect,
«SADE.»

L'infatigable Restif de la Bretonne (nous aurons l'occasion d'en reparler) a consigné dans plusieurs chapitres des *Nuits de Paris*, les témoignages qu'il avait recueillis des méfaits de Sade.

À la page 1583, dans un chapitre intitulé: *Nefanda*, nous lisons ceci: «Le comte de S.... libertin cruel, voulait se venger de la fille d'un sellier qu'il n'avait pu séduire; elle devait se marier: il disposa tout pour s'emparer des nouveaux époux sans se compromettre. Lorsqu'il eut réussi, *virum trium luparum connubio adjungere coëgit, coram alligatâ uxore quæ quandoque virgis cædebatur*. Tout disparut à l'aurore.»

Dans un chapitre intitulé: *Indignité*, page 1364, Restif raconte que, passant rue Saint-Honoré, à quatre heures du matin, il dégagea des attaques d'un laquais une jeune actrice qui lui raconta qu'elle avait eu le malheur d'accepter l'invitation du comte de..., qui l'avait gardée jusqu'au matin et qui l'avait renvoyée brutalement en donnant tout bas des ordres à son laquais qui devait l'accompagner en voiture chez elle. Le valet voulut exécuter les prescriptions de son maître; l'actrice cria, Restif intervint, et quoique traqué par le comte et par le laquais, il se tira avec succès de cette rencontre.

À la page 2460, on rencontre un chapitre intitulé: *les Passe-Temps du *** de S****; Restif raconte qu'il se trouvait une nuit devant une maison du faubourg Saint-Honoré: «J'entendis un bruit sourd, des cris, des coups aux fenêtres, des carreaux brisés contre les volets extérieurs. Surpris, j'écoutais. Quelques rares voisins du bout de cette rue solitaire mirent la tête à la fenêtre, mais ils ne distinguaient rien. J'allai sous un balcon où étaient un monsieur et une dame, et je leur demandai ce que signifiait le bruit que j'entendais.—Dans quelle maison?—Je la lui désignai.—Ha! je m'en doutais, dit le monsieur. Il rentra. Un demi-quart d'heure après il sortit avec trois domestiques, malgré la jeune dame qui le voulait retenir.—Le bruit a redoublé, monsieur, lui dis-je. Je reconnais cette maison. On s'y tue, on s'y assassine. Le monsieur me dit un seul mot: Voyons. Arrivé à la porte, il fit frapper à coups redoublés. Nous nous relayons pour frapper. À la fin, le *** de S*** vint ouvrir lui-même. Nous poussâmes tous la porte qu'il entrouvrait et nous l'environnâmes.—Qu'est-ce? qu'est-ce? Vous me faites violence. Mais dès qu'il eût reconnu le monsieur, il devint poli et tâcha de rire.—C'est un badinage, lui dit-il. J'ai donné une fête à de jeunes paysans que j'ai invités à venir me voir; ils sont de ma terre de ***. Ils ont un peu trop bu et ils se démènent dans la grande chambre frottée où je les ai fait mettre. Ils glissent, ils tombent.—Ce n'est pas tout, dit le monsieur, mais cela est déjà fort mal. Je ne sors pas d'ici que je n'aie délivré ces malheureux. Il faut ouvrir ou je fais enfoncer les portes. De S*** ouvrit en riant, et nous trouvâmes des jeunes garçons, des jeunes filles pêle-mêle, les uns en sang, les autres dans un état horrible par les drogues mises dans leur vin. Des filles avaient été ou trompées ou violentées par ceux qu'elles n'aimaient pas et qu'elles n'avaient pu reconnaître dans l'obscurité. Le monsieur les amena tous; on fut obligé d'en porter quelques-uns, surtout des jeunes filles. Ce trait est horrible, et j'aurais dévoré le monstre si j'avais été seul avec lui.»

Dans la 3e édition du *Pied de Fanchette* (1794, sous la fausse date de 1786), Restif parle indirectement de Sade: «Tels les sacripants dont le scélérat auteur de *Justine* nous a décrit les atroces et dégoûtants plaisirs; le désespoir et la douleur lui paraissent un assaisonnement.»

Dans le tome VI de Monsieur Nicolas, il parle, en désignant les ouvrages du marquis «des exécrables écrits publiés depuis la Révolution: J'ai voulu le prévenir, en lui montrant qu'il est encore le publicateur de la *Théorie du libertinage* que j'ai lue en manuscrit.»

Et dans le tome XVI du même ouvrage: «Cet homme qui allait disséquer une femme vivante... il a rêvé toutes ces horreurs dans la Bastille où il a senti les élans de sa rage contre l'esprit humain. Quel monstre qu'un homme à pareilles idées! Et c'est un noble, de la famille de la célèbre Laure de Pétrarque! C'est cet homme à longue barbe blanche qu'on porta en triomphe en le tirant de la Bastille!»

«Ô peuple aveugle, il le fallut étouffer!»

Un peu plus loin, Restif nous apprend que Sade avait composé l'horrible *Théorie du libertinage* dans son repaire «de Clichy où son âme atroce s'amuse de ces horreurs idéales en y joignant, dit-on, l'horrible plaisirs de faire saigner, toutes les semaines une infortunée qui lui sert de maîtresse.»

M. Paul Lacroix a réuni (*Bibliographie de Restif* p. 417-421), les passages relatifs au marquis, et suppose qu'ils s'étaient connus dans de mauvais lieux où l'auteur du *Pornographe* allait chercher les honteux matériaux de son livre.

Sade avait feint une grande sympathie pour les principes révolutionnaires. Les amis de la Révolution le repoussèrent avec horreur. Il écrivit quatre mauvais vers mis avec sa signature au bas d'un portrait de Marat:

Du vrai républicain unique et chère idole,
De ta perte, Marat, ton image console:
Qui chérit un grand homme adopte ses vertus:
Les cendres de Scévole ont fait naître Brutus.

La *Revue rétrospective* transcrit de la poésie d'un autre genre: ce sont des *couplets chantés à Son Éminence Mgr. le cardinal Maury, archevêque de Paris, le 6 octobre 1812, à la maison de santé, près de Charenton.* Fidèle à son système d'anonymie ou de pseudonymie, de Sade les avait mis sous le nom des recluses de la maison. Nous ignorons si le cardinal fut bien flatté de cet hommage. Ces couplets sont d'une platitude complète; on peut en juger par cet échantillon:

Votre âme, pleine de grandeur,
Toujours ferme, toujours égale,
Sous la pourpre pontificale
Ne dédaigne point le malheur.

Les autographes de Sade ne sont pas rares; les amateurs d'autographes les recherchent avec empressement. *L'Isographie des hommes célèbres ou collection de fac-simile* (1823-1843, 4 vol. in-4°), en a publié une qui atteste les goûts dramatiques du personnage en question; elle a été fournie par la collection de M. de la Porte, et nous la reproduisons fidèlement:

«Vive Dieu! voilà au moins une lettre qui me plaît et je vous en remercie. C'est tout ce que je demandais. J'accepte l'arrangement proposé par M. Vaillant. C'est celui dont il m'avait parlé et qui a fait la matière de ma lettre d'hier. Voilà mon poème, et j'attends l'argent le plus tôt possible.

»Voici maintenant ce qui concerne la comédie. Je vous envoie franc de port deux exemplaires d'une comédie que je viens de faire représenter à Versailles, et qui, j'ose le dire, a eu le plus grand succès. Je remplissais moi-même dedans le rôle de Fabrice. L'un de ces exemplaires est pour vous; je vais vous dire l'usage que je vous prie de faire de l'autre.»

«Je vous prie de le présenter au chef de votre meilleure troupe, et de lui dire que vous êtes chargé de la part de l'auteur de lui proposer la représentation de cet ouvrage. Vous lui direz que s'ils veulent, je remplirai le même rôle que j'ai joué à Versailles (celui de Fabrice), mais que de toute façon je m'engage à aller moi-même le leur faire répéter.»

«J'ai l'honneur de vous remercier et de vous saluer de tout mon cœur.»

«10 pluviôse an VI, Versailles.»

Les catalogues de quelques collections d'autographes livrées à Paris aux enchères publiques offrent divers manuscrits de Sade. Voici quelques indications en ce genre, et elles sont loin d'être complètes:

Vente 15 février 1864, n° 450. Fragment d'une correspondance entre Phonoé et Zénocrate, 4 pages in-4°.

Vente 16 février 1859. Lettre signée Sade, *auteur d'Aline et Valcour*, au citoyen Coste, artiste du théâtre Ribié. Elle est relative à une pièce qu'il veut faire représenter.

Vente 8 avril 1844, n° 446. Lettre adressée au ministre de l'intérieur, datée de Pélagie, 5 nivôse an x:

«Détenu depuis neuf mois à Pélagie comme prévenu d'avoir fait le livre de *Justine*, qui pourtant n'émanait jamais de moi, je souffre et ne dis mot, comptant chaque jour sur la justice du gouvernement; mais lorsque des méchants, désespérés de mon silence et de ma résignation, cherchent à me nuire par tous les moyens possibles, je les démasque.»

Il se plaint ensuite d'un prisonnier qui lui a volé des poésies pour les faire imprimer, et comme, dans ce volume, il y en a contre le premier consul, il s'élève avec force contre cette publication, et il proteste de son attachement inviolable aux principes républicains.

Vente 23 mars 1848, n° 579. Lettre écrite au gouverneur du château de Vincennes, où Sade venait d'être enfermé. Ce qu'il désire le plus ardemment est de revoir sa femme; c'est une grâce qu'il ose demander à genoux, les larmes aux yeux. «Donnez-moi la douceur de me réconcilier avec une personne qui m'est si chère et que j'ai eu la faiblesse d'offenser si grièvement.... Je vous en supplie, Monsieur, ne me refusez pas de voir la personne la plus chère que j'aie au monde. Si elle avait l'honneur d'être connue de vous, vous verriez que sa conversation, bien plus que tout est capable de mettre dans le bon chemin un malheureux qui est au désespoir de s'en être écarté.»

Vente Fossé-d'Arcosse, 1861, n° 1003. Lettre, 6 pluviôse an VI, adressée à un négociant de Lyon, pour des intérêts particuliers, et trois fragments autographes formant 6 pages in-4°. Ils paraissent se rapporter, soit au journal de sa détention à la Bastille et à Vincennes, soit à ses mémoires.... «Temps divisé en 12 parties, supposition; la première division de 33, sans air, ni lettre, ni encre, ni quoi que ce soit au monde... La seconde de 34, une heure de promenade et permission d'écrire, une seule fois par semaine.»

Nous trouvons au catalogue de la vente du comte de H., par M. Charavay, avril 1864, n° 637, un extrait d'une lettre intéressante; elle est datée de Paris du 5 ventôse an iii et adressée au représentant Rabaut Saint-Étienne avec renvoi de ce dernier et une recommandation de Bernard Saint-Afrique:

«Ayant perdu toutes ses propriétés littéraires à la prise de la Bastille et ses biens venant d'être saccagés par les brigands de Marseille, il se trouve hors d'état d'exister, et il demande un emploi de bibliothécaire ou de conservateur d'un Museum. On ne doit pas douter que les effets de ma reconnaissance ne raniment alors dans mon cœur toutes les vertus qui caractérisent un républicain.»

Divers auteurs se sont occupés de Sade; nous nous bornerons à en signaler quelques-uns:

Le poète Despaze (mort en 1814) l'a mentionné dans une de ses satires; il le montre comme proclamant ses affreux principes:

«Si votre sœur vous plaît, oubliez tout le reste;
Savourez avec joie les douceurs de l'inceste;
Servez-vous du poison, et du fer et du feu;
«La vertu n'est qu'un nom, le vice n'est qu'un jeu.»
Telle est, de point en point, son infâme doctrine.
L'ami de la morale, en parcourant *Justine*,
Noir roman que l'enfer semble avoir inventé,
Se trouble, et malgré lui demande, épouvanté,
Comment le monstre affreux qui traça ces peintures,
Ne l'a pas expié dans l'horreur des tortures?»

Un article de M. Jules Janin, inséré d'abord dans la *Revue de Paris*, est reproduit dans les *Catacombes* (6 vol. in-18) de cet écrivain spirituel et aimé du public. Ce morceau est écrit avec la verve, avec le brillant éclat de style qui caractérise toutes les productions du célèbre feuilletonniste des *Débats*; il ne faut pas lui demander une exactitude bien rigoureuse. Nous reproduirons quelques passages de cette notice:

«Voulez-vous que je vous fasse l'analyse du livre de Sade? Ce ne sont que cadavres sanglants, enfants arrachés aux bras de leurs mères, jeunes femmes qu'on égorge à la fin d'une orgie; coupes remplies de sang et de vin, tortures inouïes. On allume des chaudières, on dresse des chevalets, on dépouille des hommes de leur peau fumante; on crie, on jure, on blasphème, on se mord, on s'arrache le cœur de la poitrine, et cela pendant douze ou quinze volumes sans fin, et cela à chaque page, à chaque ligne, toujours. Oh! quel infatigable scélérat! Dans son premier livre (*Justine*), il nous montre une pauvre fille aux abois, perdue, abîmée, accablée de coups, conduite par des monstres de souterrain en souterrain, de cimetière en cimetière, battue, brisée, dévorée à mort, flétrie, écrasée... Quant l'auteur est à bout de crimes, quand il n'en peut plus d'incestes et de monstruosités, quand il est là, haletant sur les cadavres qu'il a poignardés et violés, quand il n'y a pas une église qu'il n'ait souillée, pas un enfant qu'il n'ait immolé à sa rage, pas une pensée morale sur laquelle il n'ait jeté les immondices de ses idées et de sa parole, cet homme s'arrête enfin, il se regarde, il se sourit à lui-même, il ne se fait pas peur. Au contraire, le voilà qui se complaît dans son œuvre, et comme il trouve qu'à son œuvre, toute abominable qu'il l'a faite, il manque encore quelque chose, voilà ce damné qui s'amuse à illustrer son livre, et qui dessine sa pensée, et qui accompagne de gravures dignes de ce livre, ce livre digne de ces gravures. À peine ce roman est-il achevé que voilà son exécrable auteur qui, en le relisant, se dit à lui-même qu'il est resté bien au-dessous de ce qu'il pouvait faire; et, sur-le-champ, il recommence de plus belle... Croyez-moi, qui que vous soyez, ne touchez pas à ces livres. Quant à ceux qui les pourraient lire par plaisir, ceux-là ne les lisent pas; ils sont au bagne ou à Charenton.»

M. Frédéric Soulié, dans les *Mémoires du Diable*, a dit en passant un mot des écrits de Sade: «Immonde assemblage de toutes les ordures et de tous les crimes.»

Charles Nodier raconte dans ses *Souvenirs*, qu'ayant été arrêté et enfermé au Temple, le hasard lui donna le marquis pour l'un des compagnons de la première nuit de sa captivité; mais chacun sait que l'imagination joue le plus grand rôle dans les récits du spirituel académicien, et nous pouvons regarder comme certain que cette rencontre n'a jamais eu lieu. Voici d'ailleurs le récit de Nodier:

«Je ne remarquai d'abord en lui qu'une obésité énorme qui gênait assez ses mouvements pour l'empêcher de déployer un reste de grâce et d'élégance dont on retrouvait des traces dans l'ensemble de ses manières et de son langage. Ses yeux, fatigués conservaient cependant je ne sais quoi de brillant et de fin qui s'y ranimait de temps à autre comme une étincelle expirante sur un charbon éteint. Ce n'était pas un conspirateur, et personne ne pouvait l'accuser d'avoir pris part aux affaires politiques. Comme ses attaques ne s'étaient jamais adressées qu'à deux puissances sociales d'une assez grande importance, mais dont la stabilité entre pour fort peu de chose dans les instructions secrètes de la police, c'est-à-dire la religion et la morale, l'autorité venait de lui faire une grande part d'indulgence. Il était envoyé aux bords des belles eaux de Charenton, relégué sous ses riches ombrages, et il s'évada quand il voulut. Nous apprîmes quelques mois plus tard, en prison, que M. de Sade s'était sauvé.

«Je n'ai point d'idée nette de ce qu'il a écrit. J'ai aperçu ces livres-là; je les ai retournés plutôt que feuilletés, pour voir de droite à gauche si le crime filtrait partout. J'ai conservé de ces monstrueuses turpitudes une impression vague d'étonnement et d'horreur; mais il y a une grande question de droit politique à placer à côté de ce grand intérêt de la société, si cruellement outragée dans un ouvrage dont le titre même est devenu obscène. Ce de Sade est le prototype des victimes *extra*-judiciaires de la haute police du Consulat et de l'Empire. On ne sut comment soumettre aux tribunaux, à leurs formes politiques et à leurs débats spectaculeux un délit qui offensait tellement la pudeur morale de la société toute entière, qu'on pouvait à peine le caractériser sans danger, et il est vrai de dire que les matériaux de cette hideuse procédure étaient plus repoussants à explorer que le haillon sanglant et le lambeau de chair meurtrie qui décèlent un assassinat. Ce fut un corps non judiciaire, le Conseil d'État, je crois, qui prononça contre l'accusé la détention perpétuelle, et l'arbitraire ne manqua pas d'occasion pour se fonder, comme on dirait aujourd'hui, sur ce précédent arbitraire. Je n'examine pas le fond de la question. Il y a des cas où la publicité est peut-être plus funeste que l'attentat, mais il faudrait alors un code réservé pour des cas réservés.»

«J'ai dit que ce prisonnier ne fit que passer sous mes yeux. Je me souviens seuleent qu'il était poli jusqu'à l'obséquiosité, affable jusqu'à l'onction et qu'il parlait respectueusement de tout ce qu'on respecte.»

On lit dans la *Nouvelle Biographie générale*: «Sade conserva jusqu'à sa mort ses goûts et ses habitudes ignobles. Se promenait-il dans la cour, il traçait sur le sable des figures obscènes. Venait-on le visiter, sa première parole était une ordure, et cela avec une voix très-douce, avec des cheveux blancs très-beaux, avec l'air le plus aimable, avec une admirable politesse. C'était un vieillard robuste et sans infirmités.»

Il est question du marquis dans la *Gazette noire par un homme qui n'est pas blanc*, libellé attribué à Thevenot de Morandu.

Lalande, l'auteur du *Dictionnaire des Athées*, s'exprime ainsi, *Supplément* page 84:

«Je voudrais pouvoir citer M. Sade; il a bien assez d'esprit, de raisonnement, d'érudition, mais ses infâmes écrits le font rejeter d'une secte (athéiste) où l'on ne parle que de vertu.»

Il paraît que dans sa jeunesse Sade était possesseur d'un physique séduisant: «il avait la figure ronde, les yeux bleus, les cheveux blonds et frisés. C'était ce qu'on appelle un joli homme.» (Paul Lacroix.)

Un auteur allemand qui a pris la peinc de donner une analyse abrégée de *Justine* et de *Juliette*, imprimée en 1874 (in-12°, 166 p.) s'exprime ainsi:

«Sa figure était charmante et lorsqu'il n'était qu'un enfant, toutes les dames qui le rencontraient s'arrêtaient pour le regarder. Il mettait dans ses moindres mouvements une grâce parfaite, et sa voix harmonieuse pénétrait jusqu'au fond du cœur de toutes les femmes. Dès sa première jeunesse, il se livra aux lectures les plus étendues, et il conçut un système basé sur les principes de l'épicuréisme; il ne négliga point les beaux-arts; il était excellent musicien, danseur habile, fort à l'escrime, et il consacra quelques moments à la sculpture. Amateur fervent de la peinture, il passait des journées entières dans les galeries de tableaux et surtout dans celle du Louvre[18].» Tout cela est de la fantaisie.

Parmi les auteurs qui ont parlé de Sade, on peut signaler Mercier, *Nouveau Tableau de Paris* et Arsène Houssaye, *Notre-Dame de Thermidor*, ainsi que Michelet, *Histoire de la Révolution* tome VI chap. 7, les Mœurs en 94, de Maxime Du Camp (*Paris, sa vie et ses organes* t. V. *les Prisons.*)

Nous avons sous les yeux un *Catalogue de livres rares et curieux.* (Milan Dumolard frères, 1880, 8°, 427 p.) rédigé par M. Jacques Piazzoli; il y est question de Sade, p. 394-396, «l'un des fous les plus extraordinaires et en même temps les plus repoussants.» Après avoir indiquée divers ouvrages où il est fait mention du marquis M. Piazzoli ajoute: «Si le temps nous le permettra (*sic*) nous publierons un (*sic*) étude physiologique (*sic*) sur cet homme et ses ouvrages.»

Quand à la réimpression faite en 1834 (Paris marchand de nouveautés), in-12 de la notice de Jules Janin et de celle du bibliophile Jacob, M. Piazzoli regarde l'une comme sans valeur, l'autre comme incomplète. La bibliographie jointe à ce petit volume est très inexacte, le portrait est de fantaisie.

Un écrivain français, établi en Allemagne et auquel on doit des écrits remarquables. Ch. de Villers (voir l'article intéressant que lui a consacré la *Biographie Universelle*) inséré en 1797, dans le *Spectatus du Nord.* (journal imprimé à Hambourg) une lettre sur *Justine*; ce morceau enfoui dans une publication fort oubliée, a été exhumé et reproduit à Paris. (J. Baur. in-16. 37 pages 150 ex.) avec un avant-propos signé a. p.-m. (Auguste Poulet-Malassis).

Circonstance notable: cette lettre est adressée à une dame qui avait ordonné à Villers de lire l'œuvre de Sade et de lui en rendre compte.

«Vingt fois le dégoût et l'indignation m'ont fait tomber le livre des mains; sa trop grande célébrité me l'a toujours fait reprendre.

«Il était réservé à notre siècle de le reproduire, et il ne pouvait être conçu qu'au milieu des barbaries et des sanglantes convulsions qui ont déchiré la France.»

«Ce roman n'inspire même pas cet intérêt que l'esprit sait répandre quelquefois sur les mauvaises mœurs; il blesse également à chaque page la vraisemblance, le sens commun et la délicatesse même des libertins; il est plat et bête à force d'exagérations ridicules et de choses contre nature; on est plus pressé de le quitter qu'on n'a été de le prendre.

«Diriez-vous bien cependant que peu d'ouvrages ont eu autant d'éditions que cette misérable *Justine*? Que penser d'un temps où il s'est trouvé un écrivain pour composer un tel roman, un libraire pour le débiter et un public pour l'acheter?»

Villers ajoute que le docteur Meyer, dans ses *Fragments de Paris*, attribue *Justine* à l'auteur des *Liaisons dangereuses*; c'est une erreur qu'il serait superflu de relever. L'ouvrage de Choderlos de Laclos a été d'ailleurs signalé dès 1836, par Charles Nodier, dans le *Bulletin du bibliophile*, comme «diffamant la nature humaine et comme ne méritant pas plus de commentaire que les hideuses spinthrées d'un émule effronté de Laclos, M. de Sade qui emporte sur lui le prix dégoûtant du cynisme et non celui de la corruption.»

[15]Les *Mémoires* de Tilly ont été publiés en 1828, 3 volumes in-8°. Ils offrent un tableau frappant de la corruption qui régnait alors dans certaines classes de la société française. M. de Lescure a dit avec raison que Tilly, type exact et effroyablement réussi de l'homme à tempérament du dix-huitième siècle, portait jusqu'en son abîme de corruption une sorte d'intrépidité héroïque.

[16]Charles Nodier a apprécié sévèrement ce livre célèbre dans une notice *Sur quelques livres satyriques et sur leur clef*, notice égarée en 1834 dans un cahier du *Bulletin du Bibliophile* et que peu de personnes possèdent aujourd'hui: «Laclos a été le Pétrone d'une époque moins littéraire et plus dépravée que l'époque où vécut Pétrone. Puisque les *Liaisons dangereuses* passent encore pour un ouvrage remarquable dans quelques mauvais esprits, il faut bien en dire quelque chose, et je ne sais jusqu'à quel point j'en ai le droit, car il m'a été impossible de les lire jusqu'à la fin. Peinture de mœurs, si l'on veut, mais de mœurs tellement exceptionnelles qu'on aurait pu se dispenser de les peindre sans laisser une lacune sensible dans l'histoire honteuse de nos travers; œuvre de style, si l'on veut, mais d'un style si affecté, si maniéré, si faux, qu'il révèle tout au plus dans son auteur ce qu'il fallait de vide dans le cœur et d'aptitude au jargon pour en faire le Lycophron des ruelles: voilà les *Liaisons dangereuses.* Ce livre a aussi sa clef ou plutôt il en a dix. Je ne crois pas avoir traversé une ville principale de nos provinces où l'on ne me montrât du doigt,

dans ma jeunesse, un des héros impurs et pervers de ce *Satyricon* de garnison, dont l'ennui, plus puissant que la décence et le goût, devrait dès longtemps avoir fait justice. On laissera sans doute au rebut ces clefs diffamatoires d'un ouvrage qui diffame la nature humaine et qui ne mérite pas plus de commentaires que les hideuses spinthries d'un émule effronté de M. Laclos, M. de Sade, qui emporte sur lui le prix dégoûtant du cynisme et non de la corruption.»

[17]Il y avait des liens de parenté entre Sade et Mirabeau.

[18]"Von so aussergewohlicher Schonheit dass alle Damen" etc.

LE MARQUIS DE SADE

I

SES ÉCRITS

Après avoir donné sur la vie de Sade quelques détails que nous avons tenu à ne pas trop développer, il reste à parler de ses écrits. Entreprise difficile, mais que nous accomplirons avec tous les ménagements qu'elle réclame.

La *Biographie universelle* entre à l'égard des ouvrages de Sade dans des détails étendus.

L'article qui se trouve dans la *France littéraire* de Quérard (viii, 303) n'apprend rien de neuf; il est en grande partie emprunté à la *Biographie universelle.*

Ersch dans sa *France littéraire* se borne à mentionner *Aline et Valcour* et les *Crimes de l'Amour.*

Commençons par les productions dramatiques. Le marquis aima constamment la comédie de société, et il se plaisait à faire jouer des pièces qui restaient d'ailleurs au-dessous du médiocre.

Il existe un drame en prose et en trois actes, imprimé à Versailles, l'an viii, in-8°; l'auteur ne se désigne que sous les initiales de ses prénoms et de son nom. Cette production a pour titre: *Oxtiren, ou les Malheurs du libertinage,* par D. A. F. S., Versailles, Blaizot, an viii, 2 feuillets et 48 pages. Elle figure au catalogue de la bibliothèque dramatique de M. de Soleinne, n° 2542. Une note s'exprime ainsi: «L'auteur a beau prodiguer les noms de *scélérat* et de *monstre* à son héros, on sent qu'il le peint avec complaisance, d'après nature, qu'il lui prête ses sentiments. Il y a même beaucoup d'analogie entre sa propre histoire et le sujet de cette pièce. La théorie du crime se retrouve partout: «Ce valet m'impatiente, il frémit. Ces imbéciles-là n'ont point de principes; tout ce qui sort de la règle ordinaire du vice et de la friponnerie les étonne; le remords les effraie.»

Le rédacteur du catalogue en question émet l'opinion que Sade doit être l'auteur des pièces obscènes qui parurent, de 1789 à 1793, contre Marie-Antoinette, la princesse de Lamballe et madame de Polignac. Cette conjecture nous semble très-hasardée; Sade n'avait aucun motif de multiplier avec fureur des attaques infâmes contre le parti de la cour, et il ne manquait pas alors d'écrivains ignobles très-disposés à pousser la licence au delà de toutes les limites.

Nous trouvons au même catalogue, n° 3879, un manuscrit intitulé: *Julia, ou le Mariage sans femme*, folie-vaudeville en un acte. Le rédacteur met en note: «Cette pièce est sotadique, comme son titre l'indique. L'écriture ressemble à celle du marquis de Sade, qui avait, comme on sait, démoralisé les prisonniers de Bicêtre en les dressant à jouer des pièces infâmes qu'il composait pour eux.»

Nous croyons qu'il y a de l'exagération dans cette allégation. La tolérance des administrateurs de l'hospice n'aurait pu aller si loin. Quand au mot *sotadique*, ce n'est peut-être pas celui qu'il fallait employer, mais un autre emprunté aux habitudes des habitants d'une ville engloutie dans la Mer Morte.[19]

On connaît deux autres pièces de Sade qui furent reçues, la première, au Théâtre Français, en 1790 (*le Misanthrope par amour, Sophie et Dufrasne*) la seconde au théâtre Favart (*l'Homme dangereux, ou le Suborneur*). Ces comédies sont en vers; elles n'ont pas été imprimées. La *Biographie universelle* indique seize autres pièces de divers genres (il serait sans intérêt d'en donner les titres) dont les manuscrits restèrent entre les mains de la famille; elle mentionne un devis raisonné sur le projet d'un *spectacle de gladiateurs*, à l'instar des Romains, dans lequel Sade devait être intéressé. Cette idée était en effet digne de lui.

Le rédacteur du catalogue Soleinne (Mr Paul Lacroix, n° 3876) est porté à attribuer à Sade une autre pièce très-rare et que son titre fait rechercher: *la France f...!* Les personnages de cette comédie, qui s'intitule «lubrique et royaliste,» sont la France, l'Angleterre, la Vendée, le duc d'Orléans, le comte de Puisaye, le roi de Prusse, l'empereur François II et le roi d'Espagne, Charles IV. La dédicace au ministre de la police n'est pas longue: «Devine si tu peux, et choisis si tu l'oses.» La préface commence ainsi: «J'ai cherché à être lu par tout le monde. Si mon ouvrage va jusqu'à la postérité, je la supplie de ne pas me juger sur le style, mais sur le fond. Lecteurs, ne vous prévenez pas contre le titre; femmes aimables, pardonnez-le moi! plus vous me lirez, plus je réclame votre indulgence. Libertins, hommes de lettres, politiques, historiens, philosophes, patriotes, royalistes, étrangers, lisez-moi; j'écris pour vous tous. Et vous, souveraine de ma pensée, vous que j'adore, si vous me devinez, ne craignez rien pour le sentiment. J'ai écrit avec ma plume; mon cœur n'y est pour rien.»

Les notes présentent des faits curieux, mais d'une exactitude suspecte. L'auteur ne doute pas que son ignoble badinage ne produise des fruits honnêtes: «Lorsqu'il s'agit du bien, qu'importe comment on l'opère? N'avez-vous jamais pris de poison pour vous guérir?»

La pièce a été certainement imprimée après l'an 1796, date que semble désigner le chiffre de 5796; les vers suivants en sont la preuve:

Buonarparte règne en maître,
À sa guise il nous fait des lois,
Puis, en despote, il nous les donne.
Petit-fils d'un petit bourgeois,
Assis sur le trône des rois,
Que lui manque-t-il? la couronne.

Ce n'était qu'à l'époque du Consulat qu'il était possible de s'exprimer de la sorte.

Des notes sont remplies de traits mordants contre les hommes de l'époque. En voici deux échantillons: «Notre Brutus de Douay (*Merlin*), de mauvais mari, devint mauvais père, autant qu'il était mauvais Français.—Notre Caïn (*J.-M. Chénier*) dénonça son frère Abel, et le fit assassiner, non par la jalousie de ses succès, mais pour avoir ses ouvrages, qu'il nous donne comme les siens.»

La France f... a paru sur divers catalogues de vente (Saint-Mauris, Baillet, etc.). Nous la rencontrons aussi dans deux collections qui n'ont pas été dispersées, celles de Leber (n° 5016) et de Pixérécourt (page 368 du catalogue de 1839). Il en a été publié il y a quelques années une réimpression tirée à petit nombre.

La *Biographie universelle* indique aussi comme œuvres dramatiques de Sade, indépendamment de celles déjà mentionnées, *l'Epreuve*, comédie en un acte et en vers, saisie par la police en 1782, et non rendue, parce qu'elle contenait des passages libres; *l'Ecole des jaloux*; le *Boudoir*, reçu en 1791 au théâtre Favart, et un drame en trois actes: *Cléontine, ou la Fille malheureuse.*

Le plus célèbre des ouvrages de Sade, celui qui a voué son nom à l'infamie, c'est *Justine, ou les Malheurs de la Vertu.* Il en existe plusieurs éditions successivement accrues et amplifiées. Quelques détails bibliographiques à cet égard doivent trouver place ici. La première impression porte l'indication: en Hollande, chez les libraires associés, 1791, 2 vol. in-8, le 1er de 283 p. et le 2e de 191 p.—Autre édition, en Hollande, chez les libraires associés, 1791, 2 vol. in-12, le 1er de 337 p. et le 2e de 228 p.—Londres, 1792, 2 vol. in-18 (*Paris-Cazin.*) de 291 et 306 p. avec un frontispice, réduction de celui de l'édition originale. Il existe une reproduction ou contrefaçon en 4 volumes. *Hollande,* 1800, avec 4 frontispices, 6 figures obscènes.

Cette première rédaction, tout abominable qu'elle soit, l'est un peu moins que la suivante, qui est la seconde. Les horreurs de Bressac, par exemple, sont commises sur sa tante, au lieu de sa mère.—Troisième édition, corrigée et augmentée: Philadelphie, (*Paris*), 1794, 2 vol. in-18 avec 6 grav. jolie impression.

La Nouvelle Justine, ou les Malheurs de la Vertu suivie de *Juliette, sa sœur, ou les Prospérités du Vice,* ouvrage orné d'un frontispice et de cent sujets gravés avec soin. Hollande (Paris, Bertrandet?), 1797,[20] 10 vol. in-18 dont 4 de Justine et 6 de Juliette.—Troisième rédaction, dans laquelle le marquis de Sade a poussé les atrocités au dernier période.—L'auteur, dit-on, imprima lui-même son ouvrage dans un souterrain. On dit que Saint-Just, de la Convention, le lisait pour s'exciter à la cruauté. L'auteur en adressa un exemplaire sur papier vélin à chacun des membres du Directoire. On doit trouver, à la fin du tome VI, l'indication au relieur, contenant l'ordre des gravures, en 4 pages, qui a été enlevé dans beaucoup d'exemplaires. Cette indication est nécessaire pour vérifier le nombre de gravures, incomplet dans la plupart des exemplaires, tantôt pour quelques-unes des figures, tantôt pour d'autres—*Juliette, ou la suite de Justine,* avait paru pour la première fois en 1796, en 4 vol. in-8°. (Voir Barbier, *Dict. des Anonymes,* n° 9127.) Dans l'édition de 1797, elle occupe 6 vol. in-18 avec 60 grav.—Un bibliophile nous remet la note suivante: «Je crois qu'il existe d'autres éditions portant le même titre que l'édition de Hollande, 1797, mais peut-être n'est-ce que cette édition avec des gravures différentes. J'ai vu plusieurs exemplaires d'une édition dont les planches, copiées exactement sur celles de l'édition de 1797, sont moins bien exécutées, et dans tous les exemplaires que j'ai vus, il n'y a que 100 figures, y compris le frontispice. La figure du tome II, p. 241 de l'édition de 1797, représentant une parodie des cérémonies religieuses, est omise. Dans une autre édition, les figures sont lithographiées et souvent modifiées. Je crois que le nombre de ces lithographies est moins considérable. En sus des trois séries de figures que j'ai vues, j'ai une portion d'une suite de gravures semblables à celles de l'édition de 1797; la planche que je viens d'indiquer s'y trouve. Ces figures sont presque au trait; peut-être faut-il y reconnaître un tirage des planches originales avant qu'elles n'eussent été terminées.»

Toutes les éditions de cet ouvrage sont rares et chères, et un exemplaire complet et bien conservé ne se cède guère aujourd'hui à moins de 600 et 800 francs.—Il y a eu, pour *Justine*, une condamnation le 19 mai 1815, et une autre condamnation a été insérée au *Moniteur* du 15 décembre 1843.

Justine est un récit d'atrocités et de folies sanguinaires beaucoup plus qu'érotiques; la difficulté de comprendre le motif qui avait pu dicter cet ouvrage a fait quelquefois supposer la folie chez son auteur. Cependant, comme le fait observer M. Paul Lacroix, dans la 5e de ses *Dissertations sur divers points curieux de l'histoire de France*, plusieurs personnages ont pu lui servir de modèle, et notamment le maréchal de France, Gilles de Rais ou Retz étranglé en 1440 et qui avait exécuté une partie de ce que Sade a décrit.[21]

La préface mise en tête de l'édition de *Justine* de 1797 est curieuse à plusieurs égards; nous la placerons ici. C'est d'ailleurs le seul endroit de ce roman dont la reproduction soit possible:

«Le manuscrit original de cet ouvrage qui, tout tronqué, tout défiguré qu'il était, avait cependant obtenu plusieurs éditions entièrement épuisées aujourd'hui, nous étant tombé entre les mains, nous nous empressons de le donner au public tel qu'il a été conçu par son auteur, qui l'écrivit en 1788. Un infidèle ami à qui ce manuscrit fut confié, trompant la bonne foi et les intentions de cet auteur, qui ne voulait pas que son manuscrit fût imprimé de son vivant, en fit un extrait bien au-dessous de l'original, et qui fut constamment désavoué par celui dont l'énergique crayon a dessiné la Justine et sa sœur que l'on va voir ici.

«Nous n'hésitons pas à les offrir telles que les enfanta le génie de cet écrivain à jamais célèbre, ne fût-ce que par cet ouvrage, persuadés que le siècle philosophique dans lequel nous vivons, ne se scandalisera pas des systèmes hardis qui s'y trouvent disséminés; et, quant aux tableaux cyniques, nous croyons avec l'auteur que toutes les situations possibles de l'âme étant à la disposition du romancier, il n'en est aucune dont il n'ait la permission de faire usage; il n'y a que les sots qui se scandalisent; la véritable vertu ne s'effraie ni se s'alarme jamais des peintures du vice; elle n'y trouve qu'un motif de plus à la marche sacrée qu'elle s'impose. On criera peut-être contre cet ouvrage, mais qui criera? Ce seront les libertins, comme autrefois les hypocrites contre le *Tartufe*.

«Nous certifions du reste que, dans cette édition, on s'est absolument conformé à l'original que nous possédons seuls; coupe de l'ouvrage, systèmes philosophiques, tout s'y trouve; les gravures, même, ont été exécutées d'après les dessins que l'artiste avait fait faire avant sa mort et qui étaient annexés au manuscrit.

«Aucun livre, d'ailleurs, n'est fait pour exciter une curiosité plus vive; en aucun, l'intérêt, ce ressort si difficile à produire dans un ouvrage de cette nature, ne se soutient d'une manière plus attachante; dans aucun, les replis du cœur des libertins ne sont développés plus adroitement, ni les écarts de leur imagination tracés d'une manière plus forte; dans aucun enfin n'est écrit ce que l'on va lire ici. Ne sommes-nous donc pas autorisés à croire que, sous ce rapport, il est fait pour parvenir à la postérité la plus reculée? La Vertu même, dût-elle en frémir un instant, peut-être faudrait-il oublier ses larmes pour l'orgueil de posséder en France une aussi piquante production.»

On voit que de Sade avait la précaution de donner son livre comme l'œuvre d'un auteur déjà décédé. On prétend d'ailleurs que, dans la conversation, il ne faisait aucune difficulté de reconnaître la paternité de ses monstrueuses productions.

Citons encore le jugement qu'il porte sur un homme célèbre avec lequel il avait eu, nous l'avons déjà dit, de vives altercations:

«Mirabeau voulut être libertin pour être quelque chose; il n'est et ne sera pourtant rien toute sa vie.»

Une note ajoute:

«Une des meilleures preuves du délire et de la déraison qui caractérisent la France en 1789, est l'enthousiasme ridicule qu'inspire ce vil espion de la monarchie. Quelle idée reste-t-il aujourd'hui de cet homme immoral et de fort peu d'esprit? Celle d'un traître, d'un fourbe et d'un ignorant.»

On a dit que l'édition de 1797 avait été exécutée avec luxe; c'est une erreur; l'impression est fort ordinaire; les gravures sont bien médiocres[22].

Les dessins originaux existent encore aujourd'hui, avec des annotations de la main de Sade, dans le cabinet d'un bibliophile qui a réuni un grand nombre de livres difficiles à rencontrer.

L'*Histoire de l'art pendant la Révolution*, écrite par M. J. Renouvier et publiée par M. A. de Montaiglon, parle d'un frontispice gravé par Chéry et qui est peut-être destiné «à un de ces livres infâmes d'un maniaque qui souilla l'époque de la liberté.»

En 1835, un spéculateur en librairie eut l'idée de faire écrire un roman très-mal fait qu'on intitula *Justine, ou les Malheurs de la vertu*, avec une préface par le marquis de Sade (on donna en effet un extrait de la préface). 2 vol. in-8°. Cette narration, où figuraient des voleurs et des garnements de la pire espèce étalant des principes fort peu édifiants, fut, dit-on, rédigée par un auteur d'un ordre infime, le fécond Raban, publiée par un éditeur nommé Bordeaux (Fr.-M. J.) Ce livre fut annoncé publiquement; le scandale fut grand: l'autorité intervint, et l'éditeur, traduit en justice, fut condamné à six mois de prison et 2.000 francs d'amende.

Il existe un ouvrage de Restif intitulé l'*Anti-Justine. Au Palais-Royal, chez feue la veuve Girouard, très connue*, 1798, 2 parties, in-12; la première 204 pages, la seconde s'arrête à la page 252; l'impression n'a pas été achevée. Le titre annonce 60 figures qui n'ont jamais paru. L'impression commencée, vers 1798, par Restif, écrivain typographe, et qu'il exécutait lui-même, est restée inachevée et il n'en a été tiré que fort peu d'exemplaires, qui, sans doute, ont été détruits pour la plupart. On prétend qu'on n'en connaît plus que cinq ou six. Un se trouve, dit-on, dans la réserve de la Bibliothèque nationale; un autre aurait été payé 2,000 francs par un riche Anglais, amateur du fruit défendu en fait de raretés bibliographiques[23]. Quoi qu'il en soit, l'ouvrage est aujourd'hui assez répandu, parce qu'il a obtenu récemment plusieurs réimpressions exécutées en Belgique, l'une en 2 vol. in-18, avec de mauvaises lithographies coloriées, les autres beaucoup plus soignées, est in-12, avec des gravures.

L'*Anti-Justine* est un tissu d'ordures révoltantes; L'auteur semble s'être proposé de dépasser tout ce qu'on avait osé écrire jusqu'alors en fait de cynisme. Cette production est mise sous le nom de Linguet, qui en est fort innocent. Elle est divisée en 48 chapitres, dont il est presque toujours impossible de transcrire les titres; en voici, du moins, quelques-uns qu'on peut citer: Du bon Mari Spartiate.—Des Conditions du Mariage.—Du Dédommagement.—Du chef-d'œuvre de tendresse paternelle.—D'une nouvelle Actrice, etc.

En écrivant ces ordures, Restif s'était proposé, à ce qu'il prétend, un but moral. Il s'exprime de la façon suivante, dans un *Épilogue*:

«J'ai longtemps hésité pour savoir si je publierai cet ouvrage posthume du trop fameux Linguet. Le casement déjà commencé, je résolus de n'en tirer que quelques exemplaires pour mettre quelques amis éclairés et deux ou trois femmes d'esprit à même de juger sciemment de son effet, et s'il ne fera pas autant de mal que l'œuvre infernale à laquelle on veut le faire servir de contre-poison. Je ne suis pas assez dépourvu de sens pour ne pas sentir que l'*Anti-Justine* est un poison; mais ce n'est pas là ce dont il s'agit. Sera-ce le contre-poison de l'infâme *Justine*? Voilà ce que je veux consulter près des hommes et des femmes désintéressés qui jugeront de l'effet que le livre imprimé produit sur eux et sur elles.

«On a vu par la table même combien cet ouvrage est saturé, mais il le fallait pour produire l'effet attendu. Jugez donc, mes amis, et craignez de m'induire en erreur.

«L'ouvrage aura cinq, six ou sept parties comme celle-ci. Il est destiné à ramener les maris blasés auxquels les femmes n'inspirent plus rien. Tel est le but de cette étonnante production que le nom de Linguet rendra immortelle.»

Dans le chapitre 26, Restif revient sur l'idée qui l'a guidé: «J'ai un but important: je veux préserver les femmes de la cruauté. L'*Anti-Justine*, non moins savoureuse, non moins emportée que la *Justine*, mais sans barbarie, empêchera désormais les hommes d'avoir recours à celle-ci; la publication du concurrent antidote est urgente, et je me déshonore volontiers aux yeux des sots, des puristes et des irréfléchis pour la donner à mes compatriotes.»

Restif a poussé la prévoyance jusqu'à indiquer minutieusement les sujets d'un grand nombre d'estampes destinées à accompagner ce qu'il avait composé de l'*Anti-Justine*, nous avons dit qu'elles n'avaient jamais existé.

M. Paul Lacroix dans le volume qu'il a publié sous le titre de *Bibliographie et Iconographie, de tous les ouvrages de Restif de la Bretonne*, (Paris, A. Fontaine, 1875, gr. 8.) entre, au sujet de l'écrit qui nous occupe (p. 413 et suiv.) dans de longs détails auxquels nous renvoyons.

La Philosophie dans le Boudoir, de Sade, est un ouvrage tout aussi dégoûtant que *Justine*. C'est une série de dialogues et d'orgies entre quelques libertins, dignes émules du marquis, et des femmes bien faites pour figurer dans une pareille société. De longues discussions philosophiques, où s'étalent l'athéisme le plus effronté et la négation de toute morale, se mêlent à des scènes ignobles. On connaît deux éditions, Londres, (*Paris*,) dépens de la Compagnie, MDCCXCXC (*sic* pour 1795) 2 parties, petit in-12 de 190 et 216 pages avec un joli frontispice non libre et 4 figures libres médiocres.—A été réimprimé en 1830, en 2 volumes in-18, avec 10 lithographies obscènes; et aussi depuis, avec des gravures libres.

Nous avons vu une édition où des photographies fort mal faites remplacent les lithographies.

Nous ne connaissons que de titre la *Théorie du libertinage* que Restif de la Bretonne, dans son étrange auto-biographie, intitulée *Monsieur Nicolas*, mentionne comme un ouvrage de Sade; il n'est pas probable qu'elle ait été imprimée.

Aline et Valcourt, ou le Roman philosophique, écrit à la Bastille, un an avant la Révolution, est une production épistolaire qui fut publiée en 1793, chez Girouard, libraire, en 8 volumes petit in-12[24] 8 faux-titres et 16 figures. La figure du tome III page 216 manque souvent; elle est trop découverte. On y retrouve ces personnages ayant les goûts cruels ou dépravés que Sade plaçait dans tous ses écrits. Il se met en scène sous le nom de Valcourt, et il retrace quelques traits de sa propre histoire. D'après la *Biographie universelle*, ce roman, moins immoral que *Justine*, est peut-être plus dangereux, parce qu'il n'offre pas des tableaux aussi dégoûtants. D'après M. Pigoreau (*Petite bibliographie romancière*), quelques extraits de cet ouvrage, choisis dans ce qu'il y a de plus admissible, ont été insérés dans deux romans fort oubliés aujourd'hui, publiés à l'époque du Directoire, et qui pourraient bien être aussi des productions de Sade: *Valmor et Lydia.* 1798, 3 volumes in-12; *Alzonde et Koradin,* 1799, 2 volumes in-18.

Les tirades ultra-philosophiques abondent dans le roman de Sade; un des principaux personnages est un président aussi cruel que débauché, souillé de crimes et de turpitudes. De très-longs épisodes coupent le récit; un d'eux fait le tableau du gouvernement d'un roi nègre qui a établi dans ses États un régime tout à fait contraire aux idées de morale admises chez les nations civilisées, régime dont ses sujets se trouvent très-satisfaits et très-heureux; un autre hors-d'œuvre retrace les malheurs d'une femme qui est tombée au pouvoir de l'Inquisition, et il va sans dire que Sade, tout en prodiguant les épithètes de monstre et de scélérat au grand-inquisiteur, don Crispe Brutaldi Barbaridos de Torturentia, décrit avec complaisance la luxure et la férocité de cet exécrable personnage.

On a attribué à Sade deux autres romans:

La Marquise de Ganges, 1813, 2 vol. in-12, récit ennuyeux et sombre, mais non licencieux d'une histoire criminelle et véritable; toutefois Sade altérait la réalité des faits afin de noircir la mémoire d'une infortunée victime des machinations de quelques scélérats.

Pauline de Belval, Mémoire anecdote parisienne du dix-huitième siècle, 1796, 2 vol. in-12, 1816, production indiquée dans la *Bibliographie-romancière* de M. Pigoreau; Luérard dit ne pas la connaître, et nous ne l'avons point rencontrée.

Il existe un roman mal écrit, mal intrigué: l'*Étourdi,* Lampsaque, 1784, 2 vol. in-12. L'auteur ne s'est pas gêné pour transcrire littéralement de longs passages dans d'autres livres de l'époque et pour les enchasser dans ses peu édifiantes narrations. M. P. L. (Paul Lacroix), dans une note qui accompagne l'annonce d'un exemplaire de cet ouvrage (*Bulletin du bibliophile,* 1857, p. 153), l'attribue à Sade. Le chapitre intitulé *la Comédie* n'est qu'un souvenir du théâtre de société que le marquis avait inauguré dans son château de la Coste, où les médecins l'envoyèrent se refaire de ses fatigues de débauche, et où il amena mademoiselle Beauvoisin, actrice du Théâtre-Français, qu'il faisait passer pour sa femme. Voici quelques lignes à ce sujet (tome II. p. 84), dans lesquelles on reconnaît l'auteur de tant de turpitudes: «Comme je n'ai jamais ressemblé à ces malades dont Molière a si bien peint le ridicule, qui n'ont jamais d'autre occupation que de se médicamenter, qu'il me faut un objet de dissipation et que l'amour ne pouvait m'en fournir dans ces pays où presque toutes les femmes ont encore de la vertu ou du moins les sots préjugés qui la remplacent, que je n'avais ni la volonté ni le désir de les combattre, j'employai mon temps à former une troupe pour jouer la comédie en société: passion que j'ai toujours eue et qui souvent m'a tenu lieu de bien d'autres. Que d'obstacles n'eus-je pas à vaincre avant de réussir! C'était la conquête de la Toison d'Or. Il me fallut terrasser tous ces monstres qu'on nomme préjugés et qu'il est difficile de détruire et même d'affaiblir dans l'esprit des personnes qui les ont reçus dans leur enfance.»

À la fin de ce roman, qui offre parfois, pour les noms des personnages, des anagrammes qu'il serait curieux de déchiffrer et qui côtoie en quelque sorte les aventures du marquis lui-même, l'auteur revendique pour son compte une plaisante mystification dont le *Journal de Paris* fut complice involontaire en 1777, et que les *Mémoires* de Bachaumont ont prise au sérieux: c'est le jeune homme à marier proposé en loterie à 3,000 francs le billet. Sade fut-il, en effet, l'inventeur de cette facétie?

Mentionnons aussi *Zoloé et ses deux acolytes*; chez tous les marchands de nouveautés, thermidor, an VIII. Turin (Paris) in-18, frontispice gravé, non signé. Les productions immondes de Sade sont mentionnées avec complaisance dans ce petit roman. Hâtons-nous de dire que, si *Zoloé* outrage la décence, elle n'est pas, du moins, plus coupable qu'une foule d'autres œuvres plus ou moins lestes qui se sont multipliées depuis un siècle. Quant au but que poursuit ce pamphlet, on découvre que c'est une satire violente, et, qui plus est un tissu de calomnies dirigées contre Joséphine de Beauharnais, alors épouse du premier consul. Les deux *acolytes* que lui assigne l'auteur, et qu'il affuble des noms de *Laureda* et de *Volsange*, passent pour avoir été mesdames Tallien[25] et Visconti. Dès l'avant-propos, la situation de l'héroïne est tracée de manière à dissiper toute incertitude:

«Qu'avez-vous, ma chère Zoloé? Votre front sourcilleux n'annonce que la triste mélancolie. La fortune n'a-t-elle pas assez souri à vos vœux? Que manque-t-il à votre gloire, à votre puissance? Votre immortel époux n'est-il pas le soleil de la patrie?»

Vient ensuite un portrait dans lequel l'âge, la patrie, la famille, tout s'accorde point pour point avec la personne que l'on voit attaquée par le libelliste avec tant d'audace:

«Zoloé a l'Amérique pour origine. Sur les limites de la quarantaine[27], elle n'en a pas moins la prétention de plaire comme à vingt-cinq; un ton très insinuant, une dissimulation hypocrite consommée; à tout ce qui peut séduire et captiver, elle joint l'ardeur la plus vive pour les plaisirs, une avidité d'usurier pour l'argent qu'elle dissipe avec la promptitude d'un joueur, un luxe effréné qui engloutirait les revenus de dix provinces. Elle n'a jamais été belle; mais sa coquetterie déjà raffinée avait attaché à son char un essaim d'adorateurs. Loin de se disperser par son mariage avec le comte Bermont, ils jurèrent tous de ne pas être malheureux, et Zoloé, la sensible Zoloé, ne put consentir à leur faire violer leur serment. De cette union sont nés un fils et une fille, aujourd'hui attachés à la fortune de leur illustre beau-père.»

Quant à Laureda, elle justifie l'opinion qu'on a conçue de la nation espagnole: «elle est tout feu et tout amour. Fille d'un comte de nouvelle date[26], mais extrêmement riche, sa fortune lui permet de satisfaire tous ses goûts.»

L'auteur raconte en style très négligé et très incorrect des orgies où figurent ces trois dames; il les met en scène avec *Fessinot*, époux de Laureda, avec l'ex-domestique *Parmesan* et l'ex-capucin *Pacôme.* Il serait assez inutile de rechercher quels sont les personnages cachés sous ces divers noms.

Chemin faisant, on rencontre de vives attaques contre des gens alors en évidence et dont la conduite n'était pas édifiante. Les mésaventures du sénateur D..., libertin perdu de vices, l'ardeur de S... pour le jeu, sont l'objet de sarcasmes violents; l'intempérance du représentant du peuple C... fournit le sujet d'un tableau repoussant.

«En traversant le Carrousel, je rencontrai deux forts qui portaient sur un brancart une espèce d'homme, couché et enveloppé dans un grand manteau bleu. Je m'imaginai d'abord que quelque affaire d'honneur avait envoyé le personnage dans l'autre monde, et qu'on allait le remettre à sa famille pour en disposer. Je demande à un des porteurs, avec un air d'intérêt, de quoi il s'agissait.—Suivez-nous, me dit-il, vous en jugerez. Le brancart s'arrête à la maison du citoyen C..., car c'était lui-même qu'on promenait en cet état. Sa figure couperosée, des yeux qu'il roulait pleins de vin, des paroles sans suite, des gestes d'un insensé, des restes impurs qui sortaient de sa bouche et dont ses habits étaient tout dégoûtants, me firent bientôt connaître la cause de l'état où je trouvais l'un des représentants de la France.

«Comme ce spectacle paraissait m'affecter, l'un des porteurs me dit: «Vous êtes bien bon de plaindre le citoyen C... Cinq fois par décade, notre ministère lui est nécessaire.»

Il est permis de croire que l'histoire de *Zoloé* entrait pour quelque chose dans le parti que prit la police de faire enfermer le marquis de Sade à Charenton. Ce fut en 1801, peu de temps après la date indiquée sur le titre de ce pamphlet, qu'il perdit sa liberté.

On peut facilement supposer qu'aucun libraire ne voulut se charger de la publication d'un libellé qui devait susciter de redoutables colères. Les mots: *de l'imprimerie de l'auteur*, écrits sur le frontispice, s'accordent avec une phrase de la préface: «Je me procurerai moi-même l'honneur d'être imprimé, et je n'en aurai l'obligation à personne.» Nous ignorons si de Sade possédait une imprimerie particulière; en tout cas, il était très au fait des mystères de la typographie clandestine.

Saisi par la police, le petit volume que nous indiquons est devenu rare; nous le rencontrons sur quelques catalogues (40 fr. Saint-Mauris, n° 276;—38 fr. 50, exemplaire broché, Bignon, n° 1832.)

Transcrivons le dernier paragraphe de *Zoloé*: «Qu'on se rappelle que nous parlons en historien. Ce n'est pas notre faute si nos tableaux sont chargés des couleurs de l'immoralité, de la perfidie et de l'intrigue. Nous avons peint les hommes d'un siècle qui n'est plus. Puisse celui-ci en produire de meilleurs et prêter à mes pinceaux les charmes de la vertu.»

On sait que, tout en traçant avec une infatigable complaisance des tableaux où s'étalaient tous les vices et tous les crimes, de Sade avait la manie de vanter la vertu.

Zoloé ne figure point parmi les divers ouvrages de Sade que mentionnent la *Biographie universelle* et la *France littéraire* de Quérard; même silence dans la *Nouvelle Biographie générale*. Les détails qu'on vient de lire à l'égard de ce libellé se retrouvent dans les *Fantaisies bibliographiques* de M. Gustave Brunet (*Paris, J. Gay*, 1864, in-18.)

Il existe une réimpression de Zoloé *avec notices biographiques et bibliographiques.* Bruxelles, chez tous les libraires, 1870, in-12 178 pages. Le titre annonce un tirage à 130 exemplaires, mais il a sans doute été dépassé. Le frontispice à l'eau-forte est la reproduction de celui du titre de l'édition originale. Pisanus Fraxi (*Index libr. prohib.*, p. 407) a parlé de Zoloé: il n'y voit qu'une sotte et plate attaque contre Bonaparte et Joséphine; point de vérité historique, nulle trace d'esprit. Voir aussi: *Œuvres posthumes de Quérard, publiées par G. Brunet; Livres à clef*, 1873, p. 174.

Les Crimes de l'Amour, ou le délire des Passions, nouvelles historiques et tragiques, précédées d'une idée sur les romans, par D. A. F. Sade. Paris, Massé, an VIII, 2 volumes in-8° ou 4 volumes in-12, 4 frontispices non signés. Un bel exemplaire papier vélin, figures avant la lettre, fait partie du cabinet d'un bibliophile parisien. Un exemplaire relié a été adjugé à 45 francs vente Solar, n° 2224.

Un critique de l'époque, Villeterque, ayant avec raison signalé dans le *Journal de Paris* cet ouvrage comme détestable à tous égards, Sade se fâcha, et il fit promptement paraître une brochure intitulée: *l'Auteur des Crimes de l'Amour à Villeterque, folliculaire*, in-12, 19 pages; il désavoue ses autres écrits avec son audace habituelle, et adresse au critique des injures grossières.

Cet ouvrage étant aujourd'hui fort peu connu, nous entrerons à son égard dans quelques détails.

L'épigraphe est assez caractéristique; elle est indiquée comme empruntée aux *Nuits* d'Young (ce que nous n'avons pas perdu notre temps à vérifier): «Amour, fruit délicieux que le ciel permet à la terre de produire pour le bonheur de la vie, pourquoi faut-il que tu fasses naître des crimes, et pourquoi l'homme abuse-t-il de tout?»

Les titres des onze nouvelles contenues dans ce recueil sont: Juliette et Raunai, ou la Conspiration d'Amboise.—La Double épreuve.—Miss Henriette Stralsond.—Faxelange.—Florville et Courval.—Rodrigue.—Laurence et Antonio.—Ernestine.—Dorgeville, ou le Criminel par vertu.—La comtesse de Sancerre.—Eugène de Franval.

Parmi les personnages figurent lord Grandville, «l'homme le plus débauché, le plus méchant, le plus cruel de toute l'Angleterre, et malheureusement le plus riche.» Voici un passage pris au hasard: «Les moyens de faire succomber une femme sont si connus, leur faiblesse est si sûre, que les tentatives d'épreuve sont absolument superflues. Les femmes, ainsi que les villes de guerre, ont toutes un côté hors de défense; il ne s'agit que de le chercher. Est-il découvert, la place est bientôt rendue; cet art, ainsi que les autres, a ses principes.»

Dans la préface, Sade trace une histoire fort superficielle du roman depuis son origine, et il expose ses idées sur les règles qu'on doit se prescrire lorsqu'on veut aborder ce genre de composition:

«L'ouvrage du romancier doit nous faire voir l'homme, non pas seulement ce qu'il est ou ce qu'il se montre, mais tel qu'il peut être, tel que doivent le rendre les modifications du vice et toutes les secousses des passions; il faut donc les connaître toutes; il faut les employer toutes, si l'on veut travailler ce genre. Ce n'est pas non plus en faisant triompher la vertu qu'on intéresse; il faut y tendre bien certainement le plus qu'on peut, mais cette règle, à laquelle nous voudrions que tous les hommes s'assujettisent pour notre bonheur, n'est nullement essentielle dans le roman, n'est pas même celle qui doit conduire à l'intérêt, car lorsque la vertu triomphe, les choses étant ce qu'elles doivent être, nos larmes sont taries avant de couler; mais, si après les plus rudes épreuves, nous voyons la vertu terrassée par le vice, nos âmes se déchirent, et l'ouvrage nous ayant excessivement émus, doit indubitablement produire l'intérêt qui seul assure des lauriers.»

Sade désavoue ensuite les écrits qui l'avaient signalé à l'indignation publique, mais ses affirmations ne trouvèrent aucune créance:

«Jamais je ne peindrai le crime que sous les couleurs de l'enfer; je veux qu'on le voie nu, qu'on le craigne, qu'on le déteste, et je ne connais point d'autre façon pour arriver là que de le montrer avec toute l'horreur qui le caractérise. Malheur à ceux qui l'entourent de roses! Leurs vues ne sont pas aussi pures que les miennes, et je ne les copierai jamais. Qu'on ne m'attribue donc plus le roman de J...; jamais je n'ai fait de tels ouvrages, et je n'en ferai jamais; il n'y a que des imbéciles ou des méchants qui, malgré l'authenticité de mes dénégations, puissent me soupçonner ou m'accuser encore d'en être l'auteur, et le plus souverain mépris sera désormais la seule arme avec laquelle je combattrai leurs calomnies.»

À la fin de son livre, il s'adresse au lecteur: «Si les pinceaux dont je me suis servi pour te peindre le crime, t'affligent et te font frémir, ton amendement n'est pas loin et j'ai produit sur toi l'effet que je voulais.»

Voici, entre mille, un passage où se révèle le genre d'idées qui dominent constamment chez Sade: «Qui? moi! je connaîtrai l'amour! Loin de moi ce sentiment vulgaire. S'il y avait une femme au monde capable de me le faire éprouver, j'irais, je crois, lui brûler la cervelle plutôt que de plier sous son art.»

Dans une des nouvelles qui forment les quatre volumes en question, on retrouve le héros d'une œuvre dramatique que nous avons déjà signalée. Oxtiern, noble Suédois fort riche, ne soupçonnant aucune borne à ses désirs; sans principe comme sans vertu, il croit que rien au monde ne peut imposer un frein à ses passions.

L'auteur des *Crimes de l'Amour* aime à entasser des enlèvements, des assassinats, des empoisonnements; il montre une fille, «l'horreur et le miracle de la nature,» vivant incestueusement avec son père, lequel se justifie au moyen de sophismes détestables. Il n'oublie pas les brigands qui ont pour captives des femmes vertueuses. Il ne cesse de retracer des hommes horriblement corrompus et cruels, tourmentant sans relâche des épouses honnêtes et malheureuses.

Employant très-mal, la plupart du temps, les interminables loisirs que lui laissait le séjour forcé dans les prisons où s'écoula une grande partie de sa carrière, Sade écrivait, écrivait sans jamais se lasser. Il a laissé un grand nombre de manuscrits. M. Michaud, qui paraît avoir été bien renseigné à cet égard, en signale plusieurs dans la *Biographie universelle*: des *contes*, au nombre de trente (on ignore s'ils étaient en vers ou en prose); le *Portefeuille d'un homme de lettres*, 4 volumes (écrit à la Bastille en 1788); *Conrad*, roman tiré de l'histoire des Albigeois (saisi lors de l'arrestation de l'auteur, en 1801); *Marcel*, autre roman; *Isabelle de Bavière*; *Adélaïde de Brunswick*, deux romans historiques composés à Charenton; les sujets sont du genre sombre, mais il n'y a d'ailleurs ni ordures, ni impiété; des *Mémoires* ou *Confessions* qui paraissent avoir eu pour but de tenter une justification bien difficile: un journal en onze cahiers de la situation de l'auteur depuis 1777 jusqu'en 1790 (il y avait treize cahiers, mais deux ne furent pas retrouvés). «Tout ce que le marquis a dit, fait ou entendu, lu, écrit, senti ou pensé pendant ces treize années se trouve dans ce recueil; mais les choses les plus remarquables sont écrites en chiffres dont lui seul avait la clef.» Citons aussi cinq cahiers de notes, pensées, extraits, chansons, mélanges de vers ou de prose, composés ou recueillis pendant la dernière détention de Sade.

Un zélé bibliophile, Bérard, auteur d'un livre consacré à la bibliographie des Elzeviers, qui joua en 1830 un certain rôle politique, a laissé parmi des notes inédites, celle-ci que reproduit Pisanus Fraxi (p. 35 de *l'Index* déjà cité): «Anglès était préfet de police lors de la mort du marquis de Sade. Je lui ai entendu dire qu'on avait trouvé dans sa chambre un grand nombre de vers licencieux dignes de Voltaire, qu'il s'était empressé de faire brûler. Si ces vers étaient en effet dignes de Voltaire, leur destruction serait une perte; mais je crois pouvoir en douter: d'abord parce qu'Anglès se connaissait mieux en administration qu'en poésie; ensuite parce que les vers que l'on connaît de Sade sont plus que médiocres.»

Dans ses *Mélanges bibliographiques*, page 186, le bibliophile Jacob, (M. Paul Lacroix), mentionne une lettre de Sade qui parle d'une tragédie dont il est l'auteur, lue au théâtre français le 24 novembre, 1791, et dont l'héroïne paraît avoir été Jeanne Hachette; on ne connaît pas cette pièce.

Il a existé d'ailleurs d'autres ouvrages de cet incorrigible libertin; ils étaient, à ce qu'il paraît des tissus d'infamies, et ils étaient décorés de dessins dignes du texte. On a annoncé qu'ils avaient été brûlés en présence de fonctionnaires publics, mais quelques doutes paraissent planer sur l'exactitude de cette assertion.

Voici ce que nous lisons dans un opuscule de M. A. Jubinal: *Lettre inédite de Montaigne.* (Paris, 1850, p. 53):

«Napoléon ordonna que tous les manuscrits laissés par le trop célèbre de Sade fussent livrés aux flammes. Un procès-verbal constata que cette mesure avait reçu son exécution, mais tous les bibliophiles savent qu'une vingtaine d'années plus tard, les compositions les plus immorales, les plus licencieuses de Sade, écrites de sa propre main, celles dont le procès-verbal constatait la destruction, commencèrent à arriver à Paris une à une. Plusieurs de ces autographes furent achetés à grand prix par la Bibliothèque royale, où plusieurs personnes les ont vus, mais d'où ils ont disparu, à ce qu'on assure, du moins les principaux. On prétend que c'est le fonctionnaire qui avait dressé le procès-verbal de destruction de ces papiers qui s'en était emparé.»

Nous ferons toutefois observer ici que, Sade étant mort à la fin de l'an 1814, Napoléon, alors à l'île d'Elbe, n'eut rien à ordonner à l'égard des manuscrits en question; pendant les Cent-Jours, il ne trouva pas sans doute le temps de songer à cet objet.

Un bibliophile parisien (M. H. B.) possède entre autres autographes et documents relatifs à Sade, le projet d'un lupanar projeté par le marquis; il trace la disposition de la maison entière, le vestibule, les appartements des femmes, les *chambres de torture* (chacune de ces chambres est consacrée à un supplice spécial); il n'oublie point le cimetière où seront déposés les cadavres des victimes qui auront succombé dans ces orgies; des passages pratiqués dans les murs extérieurs faciliteront les entrées ou les sorties clandestines, et l'auteur porte l'attention jusqu'à dresser le *menu d'un dîner irritant.*

Restif eut connaissance de ces atroces et folles inventions, car il écrit dans *Monsieur Nicolas* (t. xvi, p. 4783): «le monstre propose à l'imitation du *Pornographe* l'établissement d'un lieu de débauche. J'avais travaillé pour arrêter la dégradation de la nature; le but de l'infâme disséqueur à vif, en parodiant un ouvrage de ma jeunesse, a été d'outrer à l'excès, cette odieuse, cette infernale dégradation»

M. de Reiffenberg, dans le *Bulletin du Bibliophile belge*, dit avoir vu à la Bibliothèque nationale, il y a quarante ans environ, les manuscrits dont parle M. Jubinal.

On ne connaît, nous le croyons du moins, aucun portrait de Sade. Un petit volume in-18, publié vers 1840: *les Fous célèbres*, renferme, à son égard, une notice qui n'apprend rien de neuf et une lithographie fort mal faite qui est une image de fantaisie, sans aucune valeur quelconque. Il en est de même de deux portraits publiés à Bruxelles, l'un fort bien exécuté, dans un cadre ovale, indiqués comme faisant partie de la collection de M. de La Porte.

Pour compléter notre esquisse, il ne serait pas hors de propos d'y joindre un *Sadiana*, c'est-à-dire une réunion des passages extraits des différents écrivains qui ont fait mention de l'auteur de *Justine*, mais le temps nous a manqué pour faire ce travail; nous laissons à d'autres chercheurs le soin de l'accomplir et nous nous bornerons à deux citations:

«Un honnête homme a toujours dans sa poche un volume du marquis de Sade.» (Pétrus Borel, le lycanthrope. *Madame Putiphar*). On reconnaîtra dans cette assertion paradoxale l'originalité de cet auteur, sur lequel il a été publié une notice curieuse par M. Claretie (Paris, librairie Pincebourde, 1865, in-18.)

«Avant la révolution, les mœurs n'étaient nulle part aussi corrompues qu'à Lyon. Ce n'est pas sans motifs qu'un écrivain trop célèbre y a placé quelques épisodes de son exécrable roman.» (Michelet, *Histoire de la Révolution.*)

Un autre sujet d'investigation historique et psychologique se présenterait aussi: ce serait de demander aux annales des égarements de l'esprit humain, s'il n'y a pas eu d'autres exemples des aberrations cruelles dans lesquelles le marquis se précipita. L'antiquité, les fastes des despotes de l'Orient, font connaître des personnages de cette trempe. Le quinzième siècle vit avec effroi le maréchal Gilles de Retz, qui poussa bien plus loin ses cruelles expériences, peut-être parce qu'il eut plus de moyens de satisfaire ses goûts monstrueux, mais qui du moins n'en consacra pas les principes dans des livres infâmes[28].

Nous ignorons jusqu'à quel point est fondée l'accusation que Mayer (*Galerie philosophique du XVIe siècle*, t. I, p. 200) porte contre le duc d'Epernon, qui aurait mêlé le sang à la débauche. La *Biographie universelle* parle d'un noble Polonais, auteur de divers livres d'histoire, le comte de Potocki, et elle fait observer que ses goûts, dans le genre de ceux du marquis de Sade, lui attirèrent des désagréments qui le contraignirent à s'expatrier.

Le comte de Charolois de la maison de Condé, se signala également par les cruautés qu'il apportait dans ses orgies. Brantôme, dans les *Dames galantes*, parle d'une femme de haut parage qui se plaisait à exercer des sévices sur ses caméristes.

L'histoire a conservé les noms de divers autres personnages qui, pour réaliser les monstruosités impossibles qu'enfante l'imagination de Sade, unirent la cruauté à la débauche. On peut mentionner Tibère, un empereur de la Chine dont le nom nous échappe, le duc Valentino Borgia, Pier Luigi Farnese dont Varchi a raconté les infamies, le marquis Annibale Porrone dont on trouve la vie et les crimes dans l'ouvrage de Grégoire Leti (Vie de Bartholomé Aresec cités dans le *Catalogue d'une collection de livres anciens et modernes par J. Piazzoli.* Milan, 1878). Les annales judiciaires mentionnent de nombreux scélérats, violateurs et assassins (Dumolard, les meurtriers des dames Gay près de Lyon, etc.)

Pisanus Fraxi, que nous avons déjà cité, nous offre, dans son *Index librorum prohibitorum* des témoignages fréquents d'un goût cruel répandu en Angleterre et consistant à flageller des femmes. Diverses maisons où moyennant finances, on pouvait se livrer à cet amusement barbare, existaient à Londres (elles subsistent probablement encore), et la littérature britannique compte un assez grand nombre d'ouvrages vendus sous le manteau et consacrés à la flagellation active et passive. L'*Index* en question en parle avec détail, et dans l'introduction, il entre dans des particularités minutieuses: il donne même le dessin d'une machine sur laquelle se plaçait le patient ou la patiente. Voir page 345 de longs détails sur un ouvrage intitulé: Th. Romance *of Chastisement*; l'auteur s'exprime avec enthousiasme; il avance qu'il y a des femmes qui trouvent un grand plaisir à fouetter de jeunes personnes de leur sexe, et la patiente *feels a luxurious sensation*, car une sorte de courant magnétique s'établit entre la prêtresse et la victime.

Sade reste seul à part en son genre en raison des scènes de cruauté qu'il mêle à des tableaux du cynisme le plus repoussant, mais il faut reconnaître qu'à certains points de vue il avait eu des devanciers et qu'il a trouvé des imitateurs. Sous le rapport de l'audace immorale des paradoxes, Diderot, le plus corrompu des écrivains du xviiie siècle, ne lui est pas inférieur, et l'auteur du *Supplément au voyage de Bougainville* s'est plu à retracer des passions qui outragent la nature, exemple suivi par des romanciers modernes dont les honteuses productions ont eu un grand succès. Un journaliste qui a fait jadis quelque bruit, Capo de Feuillade, écrivait que la *Lelia* de George Sand lui offrait des doctrines dont il ne retrouvait les équivalents que dans les monstrueuses productions d'un auteur qu'il n'osait pas nommer, et c'est à propos de ce même roman que Proudhon qualifiait de «digne fille du marquis de Sade,» la femme célèbre qui l'a écrit.

Un romancier et auteur fort oublié aujourd'hui, Révéroni Saint Cyr, décédé dans un hospice d'aliénés[29] a publié *Pauliska, ou la Perversité moderne.* (Paris, an vi), roman où il retrace quelques actes de barbarie, mais en restant fort au dessous du marquis.

De nos jours il s'est trouvé un écrivain allemand qui a pris pour modèle les écrits de Sade et qui s'est montré son émule, c'est l'auteur anonyme du livre intitulé:

Aus den Memoiren einer Sängerin. (Extrait des Mémoires d'une cantatrice.) *Boston, Reginald Chesterfield,* 2 vol. pet. in-8°, vii et 244 p.; 251 p. Cet ouvrage a été imprimé à Altona: le premier volume en 1868; le second en 1875; il se compose d'une série de lettres adressées à un vieil ami, à un médecin, et après sa mort, elles furent trouvées parmi ses papiers par un neveu qui s'en fit l'éditeur.

M. Pisanus Fraxi (*Index librorum prohibitorum,* p. 102-109) entre dans des détails assez étendus au sujet de cette espèce d'autobiographie. Il s'y trouve, surtout dans le second volume, des épisodes dégoûtants, des orgies semblables à celles que Sade se plaît à décrire. Il est, dans le cours du récit, fait plusieurs fois mention de *Justine* et de quelques autres ouvrages fort libres.

Nous n'avons pas à nous occuper de divers écrivains qui appartenaient à la famille de Sade, qui portaient le même nom, mais qui heureusement se sont exercés sur des sujets très différents de ceux qui occupaient le marquis.

Son oncle, l'abbé de Sade, mort en 1778, a laissé un ouvrage estimé: les *Mémoires sur la vie de Pétrarque.* 1764-1767, 3 vol. in-4°.

Nous connaissons aussi l'existence d'un ouvrage difficile sans doute à rencontrer en France:

Typologie, ou Science des marées, par le chevalier de Sade, officier de la marine de S. M. T. C. et capitaine d'artillerie de S. M. B.; 2 gros volumes in-8° avec figures. Londres, 1810, 21 sh.

Cet officier français, passé au service de l'Angleterre, était sans doute un ancien émigré appartenant à la même famille que le marquis.

Nous terminerons cette notice en repro duisant un document fort peu connu aujourd'hui et qui est un témoignage du civisme dont le citoyen Sade jugea prudent de donner des gages à une époque critique.

Un bibliographe anglais, M. Pisanus Fraxi, dans le très curieux volume qu'il a intitulé: *Index librorum prohibitorum* (*London,* 1878, in-4) signale, un ouvrage inédit de Sade; il est la propriété du marquis de V., dont le grand-père l'acheta à un nommé Armoux de Saint Maximin qui assistait à la prise de la Bastille et qui trouva cette production dans la chambre où le marquis avait été enfermé.

Le manuscrit en question se compose d'une suite de morceaux de papier, ayant un centimètre de large et qui, attachés les uns au bout des autres, forme un rouleau de 12 mètres de long. Chaque morceau est écrit des deux côtés; l'écriture est tellement fine qu'elle ne peut être lue qu'avec l'aide d'une loupe. Après une préface, vient le récit, divisé en 52 chapitres, des faits et gestes d'une association d'individus des deux sexes ayant à leur disposition des sommes énormes et deux splendides maisons de campagne aux environs de Paris (on voit qu'il s'agit d'une société dans le genre des *Aphrodites* d'Andrea de Nerciat.)

Cette production abonde en détails obscènes, mais on n'y retrouve pas les discussions philosophiques qui se rencontrent dans d'autres écrits du marquis. À la fin on lit: terminé le 25 novembre 1783.

Pisanus Fraxi (*Index libr. prohixi.* p. 10 et suiv.) entre dans des détails étendus au sujet d'*Aline et Valcourt*; ouvrage puissant «(powerful) et original, et considérant qu'il a été écrit avant la révolution française, très remarquable. Quoique plongé dans tous les vices de la classe à laquelle il appartenait, Sade prévoyait nettement, et prophétisait avec clarté à quels résultats aboutissait un pareil état social; il écrivait: «Ô France! tu t'éclaireras un jour, je l'espère; l'énergie de tes citoyens brisera bientôt le sceptre du despotisme et de la tyrannie; et, foulant à tes pieds les scélérats qui servent l'un et l'autre, tu sentiras qu'un peuple libre par sa nature et par son génie, ne doit être gouverné que par lui-même (tome II, p. 41.) Une grande révolution se prépare dans ta patrie (France); les crimes de vos souverains, leurs cruelles exactions, leurs débauches et leur ineptie ont lassé la France; elle est excédée du despotisme; elle est à la veille de briser les fers.» (Tom. II, p. 448). On pourrait citer d'autres passages semblables.

«Au point de vue littéraire, l'ouvrage présente de graves défauts; il est trop long, trop encombré de digressions et de tirades philosophiques; la narration est prolixe; en adoptant la forme épistolaire, l'auteur s'est imposé des entraves pénibles; son récit devient souvent embarrassé et peu vraisemblable.»

«Sans cesse et presque à chaque page, Sade se plaît à exposer des théories sur le gouvernement, la morale, l'éducation, l'économie politique, les relations des sexes, etc. Ses opinions souvent extravagantes et outrageantes (*outrageous*) offrent cependant parfois des aperçus fort dignes d'attention.

«L'auteur décrit deux royaumes, en contraste complet l'un avec l'autre; dans celui de Batna, tout est vil et dégradant; les crimes les plus atroces s'y commettent au grand jour et ne trouvent que des encouragements; à Tamoë, au contraire, la vertu, le bonheur, la prospérité fleurissent sans obstacle. Les deux descriptions sont remarquables; celle de Batna est tracée avec énergie.

«L'auteur prévient (p. 2) que l'ouvrage comprend trois genres: le comique, le sentimental, l'érotique. Le comique s'y montre à peine ou pas du tout; le sentiment est forcé, dépourvu de naturel; la portion érotique est de beaucoup la plus importante.

«Nous retrouvons à peu près dans *Aline et Valcourt*, les mêmes personnages que ceux que présentent *Justine et Juliette*; le président de Blamont, cruel, dénaturé, adonné à tous les vices, même à l'inceste, Aline, vertueuse, soumise, modeste, toujours persécutée et préférant le suicide à l'horreur de devenir l'épouse d'un vieux libertin; son père exige ce mariage parce qu'il y voit le moyen de s'assurer la possession de sa propre fille; Sophie a les mêmes vertus qu'Aline, et elle souffre également, tandis que Rose et Léonore essentiellement vicieuses, se plongent avec ardeur dans le désordre; Rose prospère, c'est une autre Juliette.

«Mais ici du moins on ne nous fait pas assister aux dégoûtantes, aux sauvages orgies que Sade se plaît à retracer dans *Justine* et dans *Juliette*; le libertinage se concentre dans le cercle d'une famille; il est moins révoltant, mais il est d'une pratique plus facile et par conséquent plus dangereux.

«Quérard (France littéraire, viii. 303), avance que l'auteur se peint sous le nom de Valcourt et raconte parfois sa propre histoire; Valcourt n'est toutefois qu'un bien triste héros; il ne cesse de jouer un rôle passif; il ne montre aucune qualité décidée, soit en bien, soit en mal.

«Des extraits d'*Aline et Valcourt*, ont servi à composer deux romans fort oubliés aujourd'hui: *Valmor et Lydia*, 1798; *Alzonde et Koradin*, 1799.»

Une production de Sade, *Idée sur les romans*, a été réimprimée en 1878, à la librairie Rouveyre (petit in-8, xliii et 50 pages avec une préface sur l'œuvre de Sade).

À la tête une lettre adressée à l'éditeur par un jeune et spirituel écrivain qui, on peut l'affirmer, rendra bien des services à l'histoire littéraire et à l'étude du passé; ce qu'on lui doit déjà est une garantie certaine.

M. Uzanne se félicite «d'avoir trouvé dans la fange sadique, une brochure décente, d'un intérêt indiscutable qui forme le plus étrange contraste avec l'originalité de son auteur. «Il raconte, à l'égard du *joli marquis* des faits déjà connus pour la plupart; il transcrit page xxiii, le testament daté du 30 janvier 1807 et publié pour la première fois par Janin dans le *Livre*, 1870, page 291.

Sade formule dans ses dernières volontés que son corps ne soit ouvert sous aucun prétexte et qu'il soit transporté sur sa terre de Malmaison où il sera déposé sans aucune espèce de cérémonie dans le premier taillis fourré qui se trouve à droite.

Après une courte notice biographique. L'éditeur a placé la liste raisonnée des divers ouvrages de Sade, elle se compose de 23 numéros; on y voit figurer, n° 5 la *France f-tue*, comédie datée du 5796 (1796) et que le catalogue de la bibliothèque dramatique de M. de Soleinne, n° 3712, attribue au marquis; c'est assez probable mais il existe encore des doutes.

À la suite de l'*Idée sur les romans*, dont le texte est accompagné de notes instructives, l'éditeur a placé quelques lettres inédites qui offrent un intérêt d'autant plus grand qu'elles présentent le marquis de Sade comme un des nombreux auteurs dramatiques monomanes.

Il est question dans le livre du docteur Paul Moreau de Tours: *Des aberrations du sens génésique*, (Paris, 1880) du marquis de Sade, «fameux dans les annales psychologiques» on y trouve le récit du bal suivi d'un souper dans lequel on servit à profusion des pastilles de chocolat à la vanille.

«Tout à coup les convives, hommes et femmes, se sentent brûlés d'une ardeur impudique; les cavaliers attaquent ouvertement les dames. Les cantharides dont l'essence circule dans les veines de ces infortunés, ne leur permettent ni pudeur ni réserve; les excès sont portés jusqu'à la plus funeste extrémité; le plaisir devient meurtrier, le sang coule sur le parquet; les femmes ne font que sourire à cet horrible excès de leur fureur utérine. Prévoyant l'éclat que cette scène, comparable aux orgies de Néron, aurait quand le délire cesserait, Sade s'était sauvé avant le lever du soleil avec sa belle-sœur, toute sanglante encore de ces embrassements brutaux. Plusieurs dames titrées sont mortes des suites de cette nuit de dégoûtantes horreurs.» (*Mémoires du temps*, 1778).

Nous observerons que ce récit, souvent reproduit avec quelques variantes est fort exagéré; les documents officiels du procès devant le Parlement d'Aix, atténuent la gravité des faits qui restent toutefois fort criminels.

Vient ensuite dans le livre du docteur Moreau (p. 59) le récit de l'aventure de Rose Keller mais avec des variantes. Des personnes, passant dans une rue isolée de Paris, entendirent des gémissements, pénétrèrent dans la maison, trouvèrent une femme nue, attachée sur une table; le sang coulait de deux saignées faites aux bras; les seins étaient légèrement tailladés, les parties sexuelles également incisées et baignées de sang. Lorsque les premiers secours lui eurent été prodigués, elle raconta qu'elle avait été attirée dans cette maison par le marquis; le souper terminé, elle avait été dépouillée de ses vêtements, étendue et liée sur une table. Un homme avec une lancette lui avait ouvert les veines et pratiqué un grand nombre d'incisions sur le corps, le marquis s'était ensuite livré sur elle à ses débauches habituelles. Son intention, disait-il, n'était point de lui faire du mal, mais comme elle ne cessait de crier, et qu'on entendait du bruit dans les environs de la maison, le marquis de Sade disparut avec ses gens (Brière de Boismont, *Gazette médicale de Paris*, 21 juillet, 1869.)

Nous avons fait mention d'un livre allemand intitulé: *Justine und Juliette, oder die Gefahren der Tugend und die Wonne des Lasters Kritische Ausgabe nach dem Franzosischen des marquis de Sade.* Leipzig, Carl Minde. Druck von Ernst Sorge, in Armstadt in-12 de 150 p.

Cet ouvrage est extrêmement peu connu en France; il présente des choses fort singulières; nous en donnerons une analyse rapide.

L'auteur débute par une généalogie fantastique; il donne à tort au héros les prénom et surnom de Charles-Louis; sa famille remonte aux premières invasions des Normands; elle a fourni à l'État, sous toutes les dynasties de la France, des militaires, des ecclésiastiques du plus grand mérite. Son père perdit une grande partie de sa fortune, dans les spéculations qu'engendra le système de Law, ce qui l'amena à épouser en secondes noces une femme d'un rang fort inférieur au sien, une juive convertie, veuve d'un riche marchand d'Amsterdam.

Il avait de sa première femme qui appartenait à la famille ducale, de Liancourt, deux enfants, un garçon voué à une déplorable célébrité, et une fille, Camille, qui devint plus tard comtesse de Bray: il avait pris part à la guerre de la Succession; il avait été grièvement blessé à

Ramillies; mécontent de ne pas être élevé au delà du grade de colonel, il quitta le service et se retira dans ses terres. Il avait un frère cadet qui embrassa la carrière ecclésiastique et entra dans l'ordre des Jésuites; il jouit d'un grand crédit auprès de la marquise, de Prie, et des ministres Bourbon et Fleury; intrigant habile, il se maintenait en faveur. Son frère et lui étaient de très beaux hommes, auxquels peu de belles résistaient, et la comtesse de Bray fut l'une des femmes les plus galantes de tout Paris.

Le jeune Sade porta dans sa jeunesse le titre de vicomte; son oncle discerna promptement chez lui des passions fougueuses et une intelligence remarquable. Il le plaça au couvent des Jésuites à Noisy-le-Sec. Le vicomte se distingua par ses progrès dans l'étude. Les bons Pères cherchèrent à le faire entrer dans leur ordre; ils se flattaient de trouver en lui une recrue qui leur serait utile. Son oncle l'en dissuada: «Tu as tout ce qu'il faut pour réussir; c'est pour toi, non pour d'autres qu'il faut travailler.»

L'oncle quitta Noisy-le-Sec lorsque son neveu eut fini ses études; il avait eu des querelles avec ses confrères; le vicomte et lui entreprirent ensemble de longs voyages; ils parcourent les Pays-Bas, l'Angleterre, l'Espagne et l'Italie; la mort du père de notre héros les ramena en France.

Il rencontra dans la diligence qui le conduisait à Paris, une jeune fille d'une beauté remarquable, mademoiselle Aroult; elle était protestante; ses parents avaient figuré parmi les victimes de la révocation de l'Édit de Nantes; ils lui avaient fait prêter serment de ne jamais épouser un catholique. Ce fut en vain que Sade, animé pour elle de la passion la plus vive, lui offrit sa main; elle refusa, sans nier toutefois l'impression qu'il avait produite sur son cœur. C'est dans un sentiment de vengeance qu'il s'est plu à accumuler sur elle outrages et infortunes, car les romans de Sade sont des autobiographies; Justine, c'est mademoiselle Aroult; Juliette, c'est la comtesse de Bray; l'oncle c'est le père Vitin.

On sait quelle était l'immoralité qui régnait à la cour de Louis XV; Sade se précipita avec ardeur dans tous les excès; son nom devint célèbre; on parla de lui dans le boudoir de madame de Pompadour et aux petits soupers du roi. Ce monarque que l'ennui dévorait, voulut connaître le libertin déjà fameux; le cardinal de Fleury s'en mêla; Sade vint prendre part à un souper auquel assistaient le roi, la maîtresse, le maréchal de Richelieu, les ministres Choiseul et Sartiges (*sic*).

Le souper se termina, comme d'usage, par une orgie; Sade y joua un rôle si brillant que le roi, étonné et charmé, voulut lui faire visiter le Parc-aux-Cerfs, et lui demander ses conseils sur les perfectionnements à introduire dans ce sérail. Plusieurs des scènes décrites dans les quatre derniers volumes de l'œuvre de Sade, sont un récit de ce qui se passait parfois au Parc-aux-Cerfs.

Nous ne suivrons pas l'écrivain allemand dans tous les détails qu'il se plaît à raconter. Il nous dit que mademoiselle Aroult épousa un négociant nommé Sevrin; Sade veut se venger sur l'homme qui lui a été préféré; il l'attire dans un guet à pens et lui fait subir une horrible mutilation. Il entreprend ensuite un voyage en Italie, s'ylivre à toutes sortes d'infamies et de crimes, et revenu en France, trouve le roi très empressé de le revoir. Le marquis raconte tout ce qu'il a fait, sans rien omettre ni dissimuler. Louis XV est enchanté; il veut réaliser, pour son compte, ce que Sade décrit si bien. Il s'adresse, dans ce but, au ministre de la police qui lui procure tout ce qu'il désire. Le roi se donne, entre autres distractions, celle d'assister à l'exécution de quelques criminels, et l'auteur ajoute qu'on sait que Louis XV, caché derrière une des fenêtres de l'Hôtel de ville, fut témoin de l'horrible supplice infligé à Damiens en place de Grève.

Le roi nomme Sade son «maître secret des plaisirs.» Juliette lui a été présentée; il l'accueille avec la plus vive satisfaction, et il lui fait de riches cadeaux.

Quelque temps après, le marquis, son oncle et Juliette retournent en Italie; ils s'y livrent à toutes sortes d'excès, et ils finissent par être inquiétés par la police romaine, ce qui les engagea à revenir en France. Ils trouvèrent de nouveau à Versailles l'accueil le plus empressé; madame du Barry voulut, elle aussi, entendre le récit très détaillé des aventures du marquis; quelques épisodes la choquèrent un peu; l'histoire de la femme livrée aux bêtes féroces pour amuser le marquis et son entourage lui causa quelques émotions; mais elle se remit promptement, et elle prit une part brillante à de nouvelles orgies.

Arrivé à ce point, l'auteur allemand s'arrête dit qu'il a longtemps manqué de renseignements sur le reste de la vie de son héros qui mourut, à ce qu'il pense, vers 1775 ou 1776; heureusement, dans le cours d'un voyage qu'il fit en Angleterre, il rencontra un vieil émigré français, le marquis de M-ss-e qui, depuis 1792, n'avait pas quitté Londres, et qui était très au fait de la chronique scandaleuse de l'ancien régime; il connaissait l'histoire du marquis; il en présente le dénouement par un aspect fort inattendu.

Fatigué de tant d'excès, cédant aux reproches d'une conscience fort longtemps endormie, le marquis alla consulter son oncle, le père Vitin qui était rentré dans le couvent des Jésuites à Noisy-le-Sec; le vieux pécheur conseilla à son digne neveu d'entrer dans l'ordre des Camaldules; il y fut fort bien accueilli; il y vécut en paix jusqu'à ce que la mort vint le frapper à l'âge de 63 ans; son aménité l'avait rendu cher à ses confrères; sa piété les édifia tellement qu'ils demandèrent au pape de le canoniser. Il légua toute sa fortune au couvent. Sa sœur, la comtesse de Bray, fut fort irritée; elle attaqua le testament: il en résulta un procès qui traîna si bien en longueur qu'il n'était pas terminé lorsque la révolution éclata; il n'en fut plus question. Juliette était devenue vieille et laide; elle chercha à se mettre en rapport avec les hommes que les événements élevaient au pouvoir, Barnave, Petion, Robespierre, mais ils ne firent aucune attention à elle. De dépit, elle changea de parti, elle se mêla d'intrigues contre-révolutionnaires, elle se lia avec Madame du Barry, et traduite devant le redoutable tribunal révolutionnaire, elle périt sur l'échafaud le même jour que l'ancienne favorite de Louis XV.

Une lettre de Sade faisait partie de la collection d'autographes de M. Michelot, (de Bordeaux) vendue à Paris en mai 1880: elle est adressée au gouverneur de Vincennes (prison de Vincennes, 2 nov. 1763, 6 p. pl. in-4), lettre fort curieuse, écrite à l'âge de vingt-deux ans, et très importante pour la biographie qu'elle rectifie sur plusieurs points.

Emprisonné pour des excès commis dans une petite maison (peut-être celle d'Arcueil), Sade demande qu'on instruise sa femme de son arrestation, donne l'adresse de sa belle-mère, la présidente de Montreuil, et sollicite la permission de voir un prêtre. «Tout malheureux que je me trouve ici, Monsieur, je ne me plains point de mon sort. Je méritais la vengeance de Dieu, je l'éprouve: pleurer mes fautes, détester mes erreurs, est mon unique occupation.» Il demande son valet de chambre et le prie de ne pas instruire sa famille du sujet de sa détention. «Je serais, dit-il, perdu sans ressources dans leur esprit.» La date de son mariage, d'après cette lettre, serait du 17 mai 1763, et non 1766, comme l'ont dit certains biographes. On a joint à cette curieuse épitre une minute de lettre du gouverneur de Vincennes qui invite le Père Griffet à aller voir un jeune homme de vingt-deux ans, le marquis de Sade, qui a bien besoin de son ministère.

Un volume publié en 1861 (*Paris*, *Techener*, in-8°) sous le titre de: *Mélanges curieux et anecdotiques tirés d'une collection de lettres autographes ayant appartenu à M. Fossé d'Arcosse*, nous offre (n° 1003, p. 416) une lettre autographe adressée à un négociant de Lyon (16 pluviose an vi) pour intérêts particuliers, et 6 pages in-4°, de *Fragments* autographes paraissant se rapporter soit au *Journal* de sa détention à la Bastille ou à Vincennes, soit à ses mémoires... temps divisé en 12 parties... Supposition... la première division de 33, sans air, ni lettre, ni encre, ni quoi que ce soit au monde... la deuxième de 34, une heure de promenade et permission d'écrire une seule fois la semaine. Celui sur lequel sont les mots: *Histoire de ma détention* est particulièrement curieux.

Un de nos amis, bibliophile fervent, nous adresse la lettre suivante que nous croyons devoir reproduire:

«Vous avez bien voulu me communiquer les épreuves de votre étude sur le marquis de Sade; vous me demandez si je n'aurais pas quelques communications à vous faire à cet égard. J'en aurai sans doute, mais en ce moment, éloigné de mes livres et fort occupé d'ailleurs, je dois me borner à quelques notes rapides.

«L'auteur de *Justine* offre à la psychologie un objet d'études des plus curieux; pour bien le comprendre, il ne faut pas l'isoler de l'époque qu'il traversa. Les derniers de ses écrits n'auraient pas eu le caractère de férocité qu'ils présentent, s'il n'avait pas vu les excès du régime de la Terreur; en inventant les *Mariages républicains* et les bateaux à soupapes, Carrier n'offrait-il pas la réalité de quelques-unes des inventions du marquis?

«Sade n'a point, de nos jours, manqué d'imitateurs parmi nos écrivains. Sans aller aussi loin que lui, des romanciers ont montré des héros et des héroïnes de la perversité la plus raffinée. Quant aux principes de la philosophie *sadesque*, quant à sa négation de toute morale, quant à son athéisme, on retrouve tout cela partout aujourd'hui.

«Proudhon, entre autres, a beaucoup emprunté à Sade; il s'en est inspiré en maint endroit; il serait facile d'enregistrer, à cet égard, les rapprochements les plus frappants.

«La *Biographie* Michaud avance que le marquis fit hommage à chacun des cinq directeurs de la République française, d'un exemplaire de ses monstrueuses productions; ce fait a été révoqué en doute comme tout à fait invraisemblable; il est cependant exact, et des recherches persévérantes ont fait découvrir quel avait été le sort de quelques-uns de ces exemplaires, notamment de celui de Barras; le journal l'*Intermédiaire*, habituellement si riche en faits curieux, a donné à cet égard des détails piquants.

«Un mot et je finis, Madame Tallien, dont parle une de vos notes, ne jouissait pas, fort peu de temps après la publication de *Zoloé*, d'une excellente réputation, puisque c'est à elle que fut adressée, selon le *Catalogue* imprimé de la *Bibliothèque nationale* (*Histoire de France*, tom. X. p. 273 n° 19331), une *Lettre du diable à la plus grande putain de Paris. La reconnaissez-vous?*»

Ce libellé est signé Beelzbud. L'administration de l'immense dépôt de la rue Richelieu a placé cet opuscule dans la *réserve* où elle range ce qu'elle possède de plus précieux.

Nous ne nous dissimulons pas d'ailleurs combien notre étude reste incomplète; une biographie complète du marquis de Sade, ayant pour point d'appui des documents authentiques est encore à faire; ces documents existent, ils sont dans des mains qui en connaissent le prix; un jour viendra, nous l'espérons du moins, où ils seront livrés au public.

Au moment de mettre sous presse on nous signale un article de la *Revue des deux Mondes* où il est question des diplomates étrangers résidant à Madrid vers 1840; le ministre des États-Unis est signalé comme un négociateur fort habile, mais se livrant parfois à des excentricités d'un goût douteux: ne s'avisa-t-il pas un jour, imitateur trop fidèle du marquis, d'inviter à souper une vingtaine de *manolas*, auxquelles il distribua des substances par trop irritantes?

[19]Sotades, auteur fort licentieux, grec contemporain de Ptolémée Philadelphe. On dit qu'ayant imprudemment attaqué de puissants personnages, il fut enfermé dans un coffre et jeté à la mer. Il en est fait mention dans Athénée; *Deipnos.* XIV, dans Suidas; dans Plutarque. Il ne reste de ses écrits que quelques faibles débris. Voir

Hermana: *Élement. doct. met. (Leipzig.)* 1816, p. 144, et Fabricius, *Bibl. græc.* II. 495.

[20]Parmi les autres publications de Bertrandet, nous trouvons la traduction des *Nouvelles galantes* de B..., (Batachi) par un académicien des Arcades de Rome (Louet de Chaumont) *Paris*, an XII. Ce recueil est devenu peu commun; un bel ex. payé 44 frs., vente J. D. L. M. janvier 1866. À l'égard des diverses éditions italiennes de ces contes, voir G. Passano: *I Novellieri italiani in verso.* Bologna. 1868 p. 137.

[21]Voir sur ce personnage trop célèbre une notice de M. Armand Guiraud. 1836, in-8°, et un article de M. Vallet de Viriville: 495. *Nouvelle-Biographie générale.* XLI, 496.

[22]On comprend sans peine que *Justine* ne figure guère sur les catalogues des livres publiés en France; un exemplaire de l'édition de 1791, 2 vol. in-8° (gravures ajoutées), se montra cependant au catalogue Pixérécourt, numéro 1239, mais il ne passa pas aux enchères. Nous trouvons aussi les dix volumes sur le catalogue de la bibliothèque (non destinée à la vente) de M. Joachim Gomez de la Cortina, à Madrid (1855, n° 3908); ces dix volumes sont indiqués comme ayant coûté trois mille réaux, (750 francs). Ils se montrent aussi au catalogue d'une importante collection qu'un libraire fort connu à Paris, M. Techener, avait envoyée à Londres pour y être livrée aux enchères et qu'un incendie a détruite le 29 juin 1865.

Le comte Tullio Dandolo, dans ses *Reminisence fantasie, scherzi litterari* (Turin, 1840), avance que l'empereur Napoléon défendit, sous peine de mort, la lecture de *Justine* aux militaires de ses armées. Nous n'avons trouvé nulle autre part l'indication de cette prohibition qui nous paraît dénuée de vérité historique.

[23]C'est, à ce qu'il paraît, l'exemplaire qui se trouvait dans la bibliothèque de M. Cigongne, acquise en bloc par le duc d'Aumale, qui rétrocéda ce volume.

[24]Le titre porte par le citoyen S***. La marque des frontispices est une lyre surmontée d'une couronne avec des rameaux de laurier de chaque côté et les mots VERITAS IMPAVIDA. Une autre édition, très-probablement la même

avec un frontispice renouvelé, porte l'adresse de la veuve Girouard, 1795. Le nom de Sade et la marque ont disparu; l'ouvrage est précédé d'une épigraphe de sept vers latins empruntés à Lucrèce et énonçant la pensée qu'il faut faire avaler aux enfants des breuvages amers, mais salutaires: «Nam veluti pueris absinthia tetra medentes...»

[25]Signalons encore ici une lettre autographe fort curieuse écrite par Napoléon 1er, lorsqu'il n'était sans doute que premier consul, et adressée à Joséphine; elle a été insérée dans un catalogue d'autographes publié au mois d'octobre 1865, par le libraire Charavay et reproduite dans la *Petite Revue*, numéro du 4 novembre 1865, pages 170 et 171, lettre signée *N.* avec paraphe, lundi à midi.

Dans cette lettre fort curieuse, Napoléon défend à sa femme de voir madame Tallien sous aucun prétexte. «Si tu tiens à mon estime, et si tu veux me plaire, ne transgresse jamais le présent ordre... Un misérable l'a épousée avec huit bâtards. Je la méprise elle-même plus qu'avant. Elle était une fille aimable; elle est devenue une femme d'horreur et infâme. Je serai à Malmaison bientôt. Je t'en préviens pour qu'il n'y ait point d'amoureux la nuit; je serais fâché de les déranger.....»

Née à Saragosse vers 1775, Mme Tallien divorça et épousa en 1805, M. de Caraman, qui devint peu après Prince de Chimay; elle mourut le 15 janvier 1835; M. Arsène Houssaye, lui a consacré sous le titre de *Notre-Dame de Termidor*, un volume où la fantaisie tient plus de place que la vérité historique.

[26]Joséphine, née en 1763, avait près de trente-huit ans lorsque *Zoloé* fut livrée à l'impression.

[27]Le comte François de Cabarus, né à Bayonne, mort en 1810, célèbre par ses opérations financières en Espagne.

[28]Il existe divers manuscrits du procès fait à ce monstre exécrable, qui subit, le 25 octobre 1440, le dernier supplice, peine bien douce de tant de forfaits. Voir, Desessarts, *Procès fameux;*, la *Bibliographie universelle, etc.*

[29]Voir les Fous littéraires. Bruxelles, Gay et Doucé, 1680,

SECTION DES PIQUES

DISCOURS

Prononcé à la fête décernée par la Section des Piques, aux mânes de marat et de le pelletier, par Sade, citoyen de cette section, et membre de la Société populaire.

Citoyens,

Le devoir le plus cher à des cœurs vraiment républicains, est la reconnaissance due aux grands hommes; de l'épanchement de cet acte sacré naissent toutes les vertus nécessaires au maintien et à la gloire de l'État. Les hommes aiment la louange, et toute nation qui ne la refusera pas au mérite, trouvera toujours dans son sein des hommes envieux de s'en rendre dignes; trop avares de ces nobles tributs, les Romains, par une loi sévère, exigeaient un long intervalle entre la mort de l'homme célèbre et son panégyrique; n'imitons point cette rigueur: elle refroidirait nos vertus; n'étouffons jamais un enthousiasme dont les inconvénients sont médiocres et dont les fruits sont si nécessaires: Français, honorez, admirez toujours vos grands hommes. Cette effervescence précieuse les multipliera parmi vous, et si jamais la postérité vous accusait de quelque erreur, n'auriez-vous pas votre sensibilité pour excuse?

Marat! Le Pelletier! ils sont à l'abri de ces craintes ceux qui vous célèbrent en cet instant, et la voix des siècles à venir ne fera qu'ajouter aux hommages que vous rend aujourd'hui la génération qui fleurit. Sublimes martyrs de la liberté, déjà placés au temple de mémoire, c'est de là que, toujours révérés des humains, vous planerez au-dessus d'eux, comme les astres bienfaisants qui les éclairent, et qu'également utiles aux hommes, s'ils trouvent dans les uns la source de tous les trésors de la vie, ils auront aussi dans les autres l'heureux modèle de toutes les vertus.

Étonnante bizarrerie du sort! Marat, c'était du fond de cet antre obscur où ton ardent patriotisme combattait les tyrans avec autant d'ardeur, que le génie de la France indiquait ta place dans ce temple où nous te révérons aujourd'hui.

L'égoïsme est, dit-on, la première base de toutes les actions humaines; il n'en est aucune, assure-t-on, qui n'ait l'intérêt personnel pour premier motif, et, s'appuyant de cette opinion cruelle, les terribles détracteurs de toutes les belles choses en réduisent à rien le mérite. Ô Marat! combien tes actions sublimes te soustrayent à cette loi générale! Quel motif d'intérêt personnel t'éloignait du commerce des hommes, te privait de toutes les douceurs de la vie, te reléguait vivant dans une espèce de tombeau! Quel autre que celui d'éclairer tes semblables et d'assurer le bonheur de tes frères? Qui te donnait le courage de braver tout... jusques à des armées dirigées contre toi, si ce n'était le désintéressement le plus entier, le plus pur amour du peuple, le civisme le plus ardent dont on ait encore vu l'exemple!

Scévole, Brutus, votre seul mérite fut de vous armer un moment pour trancher les jours de deux despotes, une heure au plus votre patriotisme a brillé; mais toi, Marat, par quel chemin plus difficile tu parcourus la carrière de l'homme libre! Que d'épines entravèrent ta route avant que d'atteindre le but. C'était au milieu des tyrans que tu nous parlais de liberté; peu faits encore au nom sacré de cette déesse, tu l'adorais avant que nous la connussions; les poignards de Machiavel s'agitaient en tout sens sur ta tête sans que ton front auguste en parût altéré; Scévole et Brutus menaçaient chacun leurs tyrans: ton âme, bien plus grande, voulut immoler à la fois tous ceux qui surchargeaient la terre, et des esclaves t'accusaient d'aimer le sang! Grand homme, c'était le leur que tu voulais répandre; tu ne te montrais prodigue de celui-là que pour épargner celui du peuple; avec autant d'ennemis, comment ne devais-tu pas succomber? Tu désignais les traîtres, la trahison devait te frapper.

Sexe timide et doux, comment se peut-il que vos mains délicates ayent saisi le poignard que la sédiction aiguisait?... Ah! votre empressement à venir jeter des fleurs sur le tombeau de ce véritable ami du peuple, nous fait oublier que le crime put trouver un bras parmi vous. Le barbare assassin de Marat, semblable à ces êtres mixtes auxquels on ne peut assigner aucun sexe, vomi par les enfers pour le désespoir de tous deux, n'appartient directement à aucun. Il faut qu'un voile funèbre enveloppe à jamais sa mémoire; qu'on cesse surtout de nous présenter, comme on ose le faire, son effigie sous l'emblème enchanteur de la beauté. Artistes trop crédules, brisez, renversez, défigurez les traits de ce monstre, ou ne l'offrez à nos yeux indignés qu'au milieu des furies du Tartare!

Ames douces et sensibles! Le Pelletier, que tes vertus viennent un instant adoucir les idées qu'ont aigries ces tableaux. Si tes heureux principes sur l'éducation nationale se suivent un jour, les crimes dont nous nous plaignons ne flétriront plus notre histoire. Ami de l'enfance et des hommes, que j'aime à te suivre dans les moments où ta vie politique se consacre tout entière au personnage sublime de représentant du peuple; tes premières opinions tendirent à nous assurer cette liberté précieuse de la presse sans laquelle il n'est plus de liberté sur la terre; méprisant le faux éclat du rang où des préjugés absurdes et chimériques te plaçaient alors, tu crus, tu publias que s'il pouvait exister des différences entre les hommes, ce n'était qu'aux vertus, qu'aux talents qu'il appartenait de les établir.

Sévère ennemi des tyrans, tu votas courageusement la mort de celui qui avait osé comploter celle de tout un peuple; un fanatique te frappa, et son glaive homicide déchira tous nos cœurs; ses remords nous vengèrent, il devint lui-même son bourreau: ce n'était point assez... Scélérat! que ne pouvons-nous immoler tes mânes. Ah! ton arrêt est dans le cœur de tous les Français. Citoyens, s'il était des hommes parmi vous qui ne fussent pas encore assez pénétrés des sentiments que le patriotisme doit à de tels amis de la liberté, qu'ils tournent un moment leurs regards sur les derniers mots de Le Pelletier, et remplis à la fois d'amour et de vénération, ils éprouveront plus que jamais la haine due à la mémoire du parricide qui put trancher une si belle vie.

Unique déesse des Français, sainte et divine liberté, permets qu'aux pieds de tels autels nous répandions encore quelques larmes sur la perte de tes deux plus fidèles amis; laisse-nous enlacer des cyprès aux guirlandes de chêne dont nous t'environnons. Ces larmes amères purifient ton encens, et ne l'éteignent pas; elles sont un hommage de plus à tous ceux que nos cœurs te présentent... Ah! cessons d'en répandre, citoyens; ils respirent, ces hommes célèbres que nous pleurons; notre patriotisme les revivifie; je les aperçois au milieu de nous... Je les vois sourire au culte que notre civisme leur rend. Je les entends nous annoncer l'aurore de ces jours sereins et tranquilles où Paris, plus superbe que ne fut jamais l'ancienne Rome, deviendra l'asile des talents, l'effroi des despotes, le temple des arts, la patrie de tous les hommes libres. D'un bout de la terre à l'autre, toutes les nations envieront l'honneur d'être alliées au peuple français. Remplaçant le frivole mérite de n'offrir aux étrangers que nos costumes et nos modes, ce seront des lois, des exemples, des vertus et des hommes que nous donnerons à la terre étonnée, et si jamais les mondes bouleversés, cédant aux lois impérieuses qui les meuvent, venaient à s'écrouler... à se confondre, la déesse immortelle que nous encensons, jalouse de montrer aux races futures le globe habité par le peuple qui l'aurait le mieux servie, n'indiquerait que la France aux hommes nouveaux qu'aurait recréés la nature.

Sade, rédacteur.

L'assemblée générale de la Section des Piques, applaudissant aux principes et à l'énergie de ce discours, en arrête l'impression, l'envoie à la Convention nationale, à tous les départements, aux armées, aux autorités constituées de Paris, aux quarante-sept autres sections et aux sociétés populaires.

Arrêté en assemblée générale, ce 29 septembre 1793, l'an ii de la République française, une et indivisible.

Vincent, président.
Gérard, Mangin, Paris, secrétaires.

9 789358 482683

Printed at Repro India Ltd.